Ethnography of Investigation
The "Truth" of Myth and Chieftainship in Tuvalu, Polynesia

探求の民族誌

ポリネシア・ツバルの神話と
首長制の「真実」をめぐって

小林 誠 著
KOBAYASHI Makoto

御茶の水書房

探求の民族誌

目　　次

目　次

図表・写真一覧　*vii*

主要単語　表記法　*ix*

序章　神話と首長制をめぐる探求 ……………………………………… 3

一　探求のはじめに　*4*

二　神話、首長制、人類学　*6*

　　1　神話に関する人類学的研究　　2　首長制に関する人類学的研究

　　3　伝統の可変性をめぐって　　4　現地社会における「真実」

三　構成　*14*

第一部　ナヌメア

第1章　過去と現在 ……………………………………………………… 19

一　ツバル　*19*

二　歴史　*21*

三　ナヌメア　*25*

　　1　島　　2　伝統と集会所　　3　政府と事務所　　4　宗教と教会

　　5　伝統、政府、宗教

四　神話と首長制　*39*

　　1　テホラハ神話　　2　首長と首長クラン

第2章　移動と島を越えた広がり ……………………………………… 59

一　移住の歴史　*59*

二　移動する人々　*64*

三　首都在住者　*72*

目　次

第二部　記録する──研究者の視点

第3章　研究されるツバル ……………………………………………… 79
　一　伝統の記録からサルベージ民族誌へ　*79*
　二　植民地行政官の問題関心から人類学的研究へ　*81*
　三　制度から実践の現場へ　*84*
　四　歴史をめぐって　*86*
　五　ローカル・ガバナンスと伝統　*89*

第4章　ある人類学者のフィールドワーク ……………………………… 93
　一　フィールドワークと民族誌　*94*
　二　フィールドへの入り方　*96*
　三　神話を調査する　*101*
　　　1　伝統文化の廃止とサルベージ　　2　突然の訪問
　　　3　神話をめぐる争いと政治的な中立性
　四　関係性のなかの民族誌　*108*
　補論　妻のフィールドワーク　*113*

第三部　合意する──首都にて

第5章　神話の憲章作成 …………………………………………………… *119*
　一　経緯　*119*
　二　神話テクストの分析　*122*
　　　1　対立する神話　　2　対立の架橋と共通性の模索
　三　ナヌメアからの反応　*128*
　　　1　憲章の領有と利用　　2　憲章批判と別の神話
　四　合意の可能性と限界　*133*

iii

第6章　首長制の成文化 ……………………………………………… 139

　一　首長制の再構成とその後　139

　二　首長ノアをめぐる争い　142

　三　首長ライナをめぐる争い　146

　四　「とりあえず」の合意を目指して　152

第四部　実践する──ナヌメアにて

第7章　調査を始めた元調査助手 ……………………………………… 157

　一　首長のマナ　158

　二　調査　161

　三　知る方法　163

　　　1　「真実」の神話　　2　神話を知る方法　　3　「真実」を裏づけるもの

　四　「証明」　169

　　　1　「真実」の実践　　2　「真実」の「証明」

　　　3　カタの「効果」をめぐって

第8章　首長になれない男の主張 ……………………………………… 177

　一　別の神話　177

　　　1　伝承された神話　　2　とらえがたさ　　3　問いを開く

　二　実践の首長制　184

　　　1　開催された島会議　　2　受け入れられた主張

終章　探求の「真実」 …………………………………………………… 191

　一　探求　192

　二　「真実」　195

　三　探求のおわりに　198

目　次

あとがき　*203*
初出一覧　*209*
参照文献　*211*
索引（人名、事項）　*231*

v

図表・写真一覧

図1-1　ツバルの位置 ……………………………………………… 20
図1-2　ツバル全図 ………………………………………………… 20
図1-3　ナヌメア環礁 ……………………………………………… 25
図1-4　ナヌメア村落 ……………………………………………… 26
図1-5　ナヌメア村落の社会空間 ………………………………… 26
図1-6　集会所の座席 ……………………………………………… 30
図1-7　アニメ化されたパイとバウ ……………………………… 43
図1-8　アニメ化されたテホラハ ………………………………… 44
図2-1　フナフティ環礁フォンガファレ州島 …………………… 61
図2-2　ツバル国内の人の移動 …………………………………… 67
図2-3　ナヌメア環礁を中心とする人の移動 …………………… 70
図4-1　神話①における系譜関係 ………………………… 104, 123
図4-2　神話②における系譜関係 ………………………… 107, 124
図5-1　神話③における系譜関係 ………………………………… 125
図5-2　神話④における系譜関係 ………………………………… 126
図7-1　神話⑤における系譜関係 ………………………… 132, 164
図8-1　神話⑥における系譜関係 ………………………………… 178

表1-1　首長クランの名称とその役割 …………………………… 45
表1-2　ナヌメアの歴代首長（1986年〜2010年） ……………… 46
表2-1　人口変化の内訳 …………………………………………… 68
表2-2　世帯変化の内訳 …………………………………………… 69
表5-1　テホラハ神話のバリエーションの一覧表 ……………… 127

写真1-1　集会所 …………………………………………………… 28
写真1-2　島政府事務所 …………………………………………… 33

vii

写真1-3	島政府の職員	33
写真1-4	教会	35
写真1-5	礼拝に集まる人々	35
写真1-6	礼拝に行く	36
写真1-7	饗宴に参加する首長カロトゥ	53
写真1-8	即位儀礼を準備する人々	53
写真1-9	演説する年長者	54
写真1-10	ファーテレの歌い手	54
写真1-11	ファーテレの踊り子	55
写真1-12	若いココナツを取りに登る	55
写真1-13	タロピット	56
写真1-14	収穫したタロイモ	56
写真1-15	漁に出る	57
写真1-16	魚を炙るためにココヤシの葉でつくったたいまつ	57
写真1-17	大漁	58
写真1-18	シャコガイ	58
写真2-1	ナヌメアの生協の店舗	63
写真2-2	貨客船ニーヴァンガII号	65
写真2-3	船上	65
写真2-4	移動する人々	66

主要単語

アヒンガ *ahiaga* 集会所（ナヌメア方言）

アリキ *ailiki* 首長、神

ファカアロファ *fakaalofa* かわいそう、土地を持たない者

ファカウア *fakaua* 饗宴などにおける食物の供出単位

ファレカウプレ *falekaupule* 集会所（法律用語）

フェイトゥー *feitu* 双分組織

フェヌア *fenua* 島、コミュニティ

カタ *kata* 超自然的な力、マナ

カウ・アリキ *kau aliki* 首長クラン会議

カウプレ *kaupule* カウンシル

コピティ *kopiti* 地縁組織

マンガ・アリキ *maga aliki* 首長クラン

マヌイア *manuia* 祝福

パーランギ *palagi* 白人、外国人

プレ・フェヌア *pule fenua* 首長

タラタランガ *talatalaga* 島会議

トエアイナ *toeaina* 男性年長者

トヌ *tonu* 真実

トゥー・モ・アガヌー *tuu mo aganuu* 伝統

表記法

　ツバル語の正書法はないため、現地社会で用いられている一般的なものと当事者が使用しているものを適宜採用した。ツバル語の意味は Jackson［2001］と Ranby［1980］を参考にした。ツバル語を日本語で表記する際には、ツバル語の発音に近くなるようにした。ただし、すでに慣例として定着した日本語表記がある場合はそちらを採用した。例えば、ツバル（Tuvalu）は「トゥーヴァル」が現地での発音に近いが、ツバルと表記する。

探求の民族誌

ポリネシア・ツバルの神話と
首長制の「真実」をめぐって

序　章
神話と首長制をめぐる探求

扉写真：遠景

一　探求のはじめに

　本書は、ツバル・ナヌメア環礁の神話と首長制をめぐる探求についての民族誌である。通常、社会・文化人類学的研究としての民族誌とは、ある社会や文化について記述し、その記述に分析、考察を加えたものを指す。その意味での民族誌であったのならば、本書はナヌメアの神話と首長制についての記述、分析、考察であっただろう。たしかに本書では、ナヌメアの神話と首長制について多くのことが説明されている。しかし、本書の目的は、神話と首長制それ自体というよりも、ナヌメアの人々による神話と首長制をめぐる探求について記述、分析、考察することである。ここでいう探求とは、神話や首長制をめぐる「真実」を明らかにしようとする意図的な実践を指す。そして、それには「真実」はどうあるべきかを提言し、また、それに関する合意を形成しようとする活動をも含む。私がここで書こうとしている民族誌とは、ナヌメアの社会や文化それ自体ではなく、ナヌメアの社会や文化をめぐる探求について記述、分析、考察するものである。

　本書がこれまでの人類学的研究のなかでどのような意味を持つのかについては次節以降で説明していくとして、ここではまず、私が2005年から2010年にかけて実施した計2年を超えるフィールドワークについて簡単に紹介したい。社会や文化それ自体ではなく、社会や文化をめぐる探求に注目するに至ったのは、先行研究の批判的な検討ではなく、ナヌメアでのフィールドワークの経験に由来するからである。

　2005年10月、私は初めてツバルを訪れた。ツバルは計9つの島から構成されるが、私はナヌメアという最北端の島でフィールドワークを行うこととした。ナヌメアを選んだ理由は単純で、同島にすでに人類学者が入っていたからである。ナヌメアでは、1970年代からキース・チェンバースとアン・チェンバースの夫妻がフィールドワークをしており、2001年には共著で民族誌を刊行している［Chambers and Chambers 2001］。当初、私の調査テーマは気候変動がツバルのようなオセアニアの小島嶼社会に与える影響であり、この民族誌を参考

4

序章　神話と首長制をめぐる探求

にすれば、ナヌメア社会の歴史的な変化や気候変動への適応などについて明らかにできるのではないかと漠然と考えていた。

　チェンバース夫妻はともに人類学者で、夫のキースは神話と首長制に関して、妻のアンは生業や交換経済に関して調査していた[1]。私はキースの研究テーマである神話と首長制に興味を持ち、気候変動に関する調査の合間にそれらについても調べてみた。さまざまな人から話を聞いていくうちに、ナヌメアの人々、とりわけ、男性年長者らにとって神話と首長制は現在においても重要な関心ごとであることがひしひしと伝わってきて、気づくと私は気候変動の調査よりも神話と首長制の調査にのめりこんでいってしまった。

　調査をしていてまず面白かったのが、ナヌメアの人々は神話と首長制について話す際に、キースの民族誌［Chambers 1984］に言及していたことであった。もちろん、読んだこともないけどキースの本にこういうことが書いてあるという者もいれば、実際にそれを読みこなして引用する者もいた。そして、人々はキースの民族誌を一方的に受容しているわけではなかった。失われた知識がすべて書かれていると最高の評価を下す者もいたが、逆にその間違いや欠点を声高に批判する者もいた。こうした状況を前にし、チェンバース夫妻の民族誌を基に歴史的な変化を明らかにするという作業はほとんど意味をなさないと感じ始めた。

　さらに面白かったのが、ナヌメアの人々は、キースの民族誌を参照しながらもそれを超えて、「真実」の神話と首長制を自ら「調査」、「分析」し、その結果が「真実」であると「証明」を試み、そして、何が「真実」であるのか、あるいは「真実」はどうあるべきかの合意形成を図っていたことであった。人々は単に伝統を実践しているわけではなく、かといって新たな伝統を「創造」しているわけでもなかった。彼らは常に「真実（tonu）」の神話は何であり、そして「真実」の首長制はどうあるべきかを探し求めていたのであった。私が滞在していたまさにその時に、ナヌメアにおいて生起していたこのことをどのようにとらえるのかが重要であると思えた。こうして、当初の計画からかけ離れ、

　1）　本書では夫婦を区別するために、以下、チェンバース夫妻をそれぞれキースあるいはアンと呼ぶ。

5

いかにナヌメアの人々が神話と首長制を探求しているのかについて記述、分析、考察するという本書のテーマがかたちづくられていった。

　ナヌメアの神話は「昔の物語（*tala mua*）」と表現される。それは「つくり話（*tala kai*）」とは異なり、過去の歴史的な事実を反映したものととらえられており、そうであるがために神話には唯一の「真実」があるとされる[2]。そして、ナヌメアの首長制はこの「真実」の神話に基づいており、そうである限りにおいてナヌメアの首長制もまた唯一の「真実」のやり方があると考えられている。ナヌメア人にとって、神話には唯一絶対の「真実」があり、首長制にも唯一絶対の「真実」が存在するのである。

　しかし、実際にはナヌメアの神話と首長制には多くの「真実」がある。ナヌメア人の多くが「真実」の神話は何であるのか、あるいは、「真実」の首長制とはどのようなものであるのかをめぐって争い合ってきた。ナヌメア人のなかにはこうした状況を受けて、何が「真実」なのかわからないと嘆く者もいる。ナヌメアには多くの「真実」があり、どれが本当だかわからないというのである。しかし、彼らは、多様な「真実」の前に立ちすくんでいたわけではなかった。ナヌメア人は、何が「真実」であるのかを明らかにし、そして、その「真実」が共有されることを目指してきた。

二　神話、首長制、人類学

1　神話に関する人類学的研究

　それでは、神話に関する人類学的研究を概観していこう。人類学的研究は、神話を過去の歴史的事実としてとらえるのではなく、ある個人や集団が語る神話がその人物や集団の利益の正当化といかに関連するのかに注目してきた［マリノフスキー 1997；リーチ 1995；Linnekin 1983；西本 2006］。マリノフスキーはそれまで主流であった神話をめぐる研究が研究者以外の者によって文字化

　2）　なお、ナヌメアで「昔の物語」と呼ばれているものは、口頭伝承、伝説、あるいは歴史と表現することも可能である。ただし、「昔の物語」はmythと訳されることが一般的であるため、本書では便宜的に神話と記述する。

序章　神話と首長制をめぐる探求

され「歪曲された」テクストに基づいたものであると批判し、「生活全体」に
文脈づけられた「生きたまま研究される神話」への転換を訴える。彼の関心は
社会の統合や社会的機能にあり、神話を「常にある社会学的機能を満たしたり、
ある集団を美化したり、ある例外的な地位を正当化するために特別に作られ」
るものととらえる［マリノフスキー　1997：170］。よって神話は「単に語られ
る物語ではなく、実際の生きた現実そのもの」であり、「知的説明や芸術的創
造ではなく、未開の信念や道徳的知恵の実用主義的憲章」であると主張する
［マリノフスキー　1997：138］。

　マリノフスキーは利害関係が異なる集団と神話のバリエーションについても
触れている。例えば、「より小さな地域の神話の方も、その地域集団内では同
様に生き、活動して」おり、「もし、土地についての争いや、呪術的問題、漁
業権、あるいは他の特権の侵害が起こった場合は、神話の中の事例が参照され
る」という。ただし、彼の力点は神話が持つ社会的な統合機能にあり、神話と
集団間の政治的な対立という問題に関して分析を進めることはない［マリノフ
スキー　1997；西本　2006］。他方、社会的な統合という点に関して、神話がど
のように作られていくのかについて論を進めていく。マリノフスキーは、支配
的な立場になった移民集団の神話を例に、「異常な事態を正当化し説明する特
別な種類の神話的物語が生まれ」、そして、そうした「正当化のための神話に
は、相反する論理的に和解できない事実や見解が含まれているのに、明らかに
その場で作られた、安易な折衷的な付帯事項によってそれらを覆ってしまう」
という［マリノフスキー　1997：169］。

　その後の研究においては、マリノフスキーの示したこうした論点が批判的に
検討されていく［Fortes 1945；リーチ　1995；川田　1976；小松　1997；竹沢
1997］。例えばリーチは、『高地ビルマの政治体系』［リーチ　1995］のなかで、
マリノフスキー流の機能主義を批判し、神話のバリエーション間の差異に注目
する必要性を指摘する。リーチによると、それまでの多くの研究で、研究者が
「ただ一つの文化、ただ一つの構造システム、一個の一貫した神話群」という
前提に基づき、同一の物語の諸異伝を恣意的に取捨選択し、ときには創作しな
がら「真実」らしくみえる神話をつくりだしてきたという。それに代わって、

7

彼は、神話を「社会的行動の是非を明らかにし、特定社会体系内で特定個人・集団が保持する権利を正当化する」ものととらえ、「社会体系というものはたとえいかに安定し均衡が保たれていようと、内部に分派的対立を含むものだから、必ず相異なる神話があって、異なる集団それぞれに特有の権利を正当化する」と主張する［リーチ 1995：315］。リーチは、神話を「論争のための言語」ととらえ、「語り手が語る瞬間にとっている特定の態度・立場を正当化する」と論じる［リーチ 1995：309-315］。リーチは、さまざまな出来事や行為を含む神話のテクストのなかでも、特にそこで示される系譜的な関係について注目している。彼はグムサ型社会において諸クランがたがいに政治的な正統性を主張するのに際し、諸クランの始祖とされる人物の出生順が重要な意味を持つが、それぞれのクランによって神話のなかでの出生順が異なることを指摘し、自己の正当化のため新たな系譜関係がつくりだされると論じている［リーチ 1995：309-313］。

　1980年代以降になると、神話の政治性をめぐる人類学的な研究は、「伝統の創造」論や「伝統の政治」論の文脈で論じられていく。こうした研究では、集団間の権力をめぐる利害関係をローカル社会から国民国家、あるいはそれを越えるマクロな政治経済的な構造に位置づけなおし、西洋との接触や植民地支配から現在に至るまでの歴史的な変化のなかに神話の政治性をとらえている。例えば、ハワイではカホーラエ島を聖地とする神話は先住民運動が高揚するなかでアメリカ軍による軍事的な利用を中止させるために［Linnekin 1983］、パプアニューギニアにおいては石油開発によって発生した利益の分配をめぐって土地所有権を主張するために［槌谷 1999］、新たな神話が「創造」されたと論じられている。神話を「創造」してきたのは、現地の人々に限らない。人類学者をはじめとする研究者もまたその「創造」の過程に大きく関与してきた。例えば、アラン・ハンソンはニュージーランド・マオリの大船団による移住に関する神話が人類学者パーシー・スミスによってつくりだされたものであると主張する［Hanson 1989］。

8

2 首長制に関する人類学的研究

　それでは、次に首長制に関する人類学的研究を概観していこう。オセアニアにおける伝統的な政治的指導者は、メラネシアのビッグマンとポリネシアの首長（chief）というサーリンズによるタイポロジーが議論の参照点となってきた［Sahlins 1963］。ビッグマンとは財のコントロールなどの個人的な能力によって獲得された地位であるのに対し、首長とは系譜関係を基に継承される役職（office）に由来する生得的な地位であり、首長が持つとされるマナ（*mana*）[3]によって自らの支配が神秘化される［Sahlins 1963］。このタイポロジーはオセアニアの伝統的な政治体制についての大まかな見取り図を提示するという点で、人類学的な議論の出発点となってきただけでなく、現在においても政治学者や国際機関の報告書などで活用されている［e.g. Lamour 2005；Mcleod 2007］。しかし、首長制に関する議論に絞っても、首長として分類されてきた政治的な指導者の地位の継承において獲得的な側面もみられる点や［Firth 1961；Douglas 1979；Mosko 1995, 2012；白川 1998］、生得的であることの証拠とされていた系譜的関係それ自体もまた多分に操作的であり、過去の系譜関係が現在の政治経済的関心から再構成されている点が指摘されるなど［Firth 1960, 1970；Peterson 1999：393-94］、それが持つ限界や問題点についてはすでに多くのことがいわれてきている［Allen 1984；Godlier 1986；Marcus 1989；Godelier and Strathern（eds.）1991；Feinberg and Watson-Gegeo 1996；Lindstrom and White 1997；吉岡 1993］。

　必ずしも生得的に決定されているわけではないという点は、首長が持つとされるマナにおいても同様であることが指摘されてきた。ポリネシアの首長制においては、コスモロジカルなイデオロギーとしてのマナが大きな注目を集めて

　3）　マナを定義することは難しく、これまでにも「超自然的な力（supernatural power）」［Codrington 1891］、「幸運（luck）」［Hogbin 1936］、「効力（efficacy）」［Firth 1940］、「潜在的能力（potency）」［Howard 1985］などと多様に訳されてきており［Shore 1989；Feinberg 2002］、またそれは名詞、形容詞、状態動詞としても使用されるが［Keesing 1984, cf. Tomlinson 2006, 2007］、ここでは後述するツバルにおけるマナに該当する概念が「超自然的な力」と名詞的に使われていることからこの用法にて説明していく。

きた。マナは神や精霊、祖先神などの超自然的な存在に由来し［Firth 1940；Goldman 1970；Salmond 1989］、父から息子へと継承するとされてきた［Sahlins 1963］。典型的には首長がマナを持ち、神々との媒介となることで、人々に豊穣をもたらすとされる［Shore 1989：140-142；Howard 1985］。マナはそれが知覚可能なかたちで現れることによってのみその存在を知ることができるものであり［van der Grijp 2011:22；Shore 1989：Feinberg 2002］、それは必ずしも系譜的な優先度によって継承されてきたわけではないことが報告されている［Firth 1940 cf. Mosko 2012］。

　1980年代以降になると、「伝統の創造」論や「伝統の政治」論などと関連しつつ、首長制をよりマクロな政治経済や歴史的文脈に位置づけて考察する研究が主流を占めていく［Marcus 1989：196］。こうした研究では、かつての首長が神々と人々との媒介であったのに対して［cf. サーリンズ 1993］、現在の首長は国家と人々、近代と伝統との媒介のなかに正統性を見出す点が指摘されている［e.g. Keesing 1969, 1989；Marcus 1989；Lindstrom and White 1997］。例えば、リンドストロームとホワイトは「『首長ら』はローカル・ナショナル・グローバルな政治文化の結節点に位置し」、「伝統と近代（西洋）の両者から権力のレトリックを引き出している」と主張する［Lindstrom and White 1997：3, 10］。当該社会を取りまく政治経済的状況のなかで首長制は再編成されてきており、時に「創造」されてきた。近代的な国民国家のなかで首長は「再活性化され、定義され、いくつかのケースではつくりだされている」［Lindstrom and White 1997：17］というのである。

3　伝統の可変性をめぐって

　神話に関する人類学的研究と首長制に関する人類学的研究は全体としては別々に議論されてきた。とはいえ、1980年代以降はともに「伝統の創造」論や「伝統の政治」論のなかで検討されるなど、両者に共通する議論もある。そうした共通点の一つが、神話も首長制も太古の昔から確固たるものとして伝わってきたわけではなく、その時々の状況に合わせて変化し続けてきたという点である。本書ではこれを伝統の可変性と表現しよう。

10

人類学的研究が指摘してきた伝統の可変性には、主に次の2つがある。1つ目は創造性である。これは、典型的には過去のある一時点の政治的状況において、それまでとは異なったものが新たにつくり出されたとするものである。神話に関しては、話者の政治的な立場を正当化するように改変されるという指摘が典型的な例であろう。首長制に関しても、しばしばそれが植民地支配の過程で再編成され、時に「創造」されたと指摘されてきた。2つ目は柔軟性である。これは、一般化されたルールや制度ではなく、実践の現場に注目するものであり、実践の現場においてはその時々の状況に合わせたかたちで柔軟に運用されていることを主張するものである。神話に関しては、例えば、それが語られる場の文脈に合わせて語られる内容も毎回異なるという指摘がある。首長制に関しては、人々が制度を教条的に守ってきたというよりは、さまざまな状況に合わせて柔軟にやり方をかえてきたという議論がある。

　人類学的研究においては、前者の創造性を否定的に扱い、後者の柔軟性を肯定的に扱ってきた。この点に関して「伝統の創造」や「伝統の政治」をめぐる人類学的研究を参考にしながら説明していこう。「伝統の創造」や「伝統の政治」をめぐる議論はまさに伝統文化の可変性をどのように評価するのかをめぐって展開してきたととらえることができる。キージングは、1960年代以降、独立を達成していったオセアニアの島嶼国において、ナショナリズムや先住民運動といったイデオロギー的な要請の下で本質的な伝統文化が創造されてきたと論じる。そして、それが日常生活を生きる人々による「生きられた伝統」とは区別される政治的なイデオロギーとしての「創られた伝統」とし、前者を「本物」、後者を「偽物」と位置づけた［Keesing 1989］。キージングのいう「創られた伝統」と「生きられた伝統」という区分は、創造性と柔軟性にそれぞれ相当するものであるといえよう。

　しかし、「創られた伝統」を「偽物」とする議論に対して、何が「本物」の伝統文化であるのかを決める権利を持つのは先住民であるという現地社会の知的エリートから批判が寄せられる［Trask 1991］。これを受けて、「伝統の政治」論では伝統文化の客体化を生み出す社会的文脈や政治経済的な構造に焦点をあてる方向へと向かう［Jolly and Thomas 1992；Linnekin 1992；Thomas

1992]。そこでは、現地の人々がいう伝統文化はすべて真正であるというかたちで議論が展開し［福井 2005；e.g. Linnekin 1991, 1992］、「創られた伝統」と「生きられた伝統」という区分はなくなる。ここで、創造性と柔軟性という区分は解消する。

　しかし、「伝統の政治」論に対して、何が「真正な」伝統文化であるのかについて考える視点を放棄してしまったことが批判されている［吉岡 2005；福井 2005：49］。こうした研究では、生活の場における真正さ［小田 1997］に注目しながら、伝統文化はその時々の文脈に応じて、多様に語られ、そして実践されているが、そこに真正さが存在しないのではなく、「人々はそれでも『正しい』ものと『間違ったもの』をいつの時点でも設定しているという点で、常に変動する真正さが存在する」と論じられた［吉岡 2005：168］。ここにおいて、再び、創造性と柔軟性という区分が復活する。そして、前者が政治的なイデオロギーと結びつくと批判され、後者が人々の生活世界の「真正さ」を示すものとして評価されることになる。

4　現地社会における「真実」

　本書では、こうした枠組みそれ自体を批判するのではなく、それによって何がみえなくなってしまったのかについて考えていきたい。ここで指摘しておきたいのは、創造性であれ柔軟性であれ、研究者が可変性を指摘する一方で、現地の人々は必ずしも神話や首長制を可変的であるととらえてきたわけではない点である。この点は、「伝統の創造」論に対して、現地社会の知的エリートから寄せられた批判にも表れている。彼らは伝統や慣習が「創造」されたという「事実」を批判していたといえる。しかし、人類学的研究は、こうした主張そのものが政治的なイデオロギーであると主張し、生活世界の「真正性」から現地社会の知的エリートらの批判をかわしてきた。そして、人類学者は、可変的であるという主張は政治的には正しくないが、事実としては正しいという前提で議論してきた。

　この点に関して、1990年代以降、「伝統の創造」論や「伝統の政治」論に対する批判として、オセアニアの現地人研究者や知識人らが「土着の認識論

（indigenous epistemology）」と呼ばれる議論を展開してきたことは注目に値する［例えば、Gegeo 1998；Meyer 2001；Wood 2003；Huffer and Qalo 2004；Quanchi 2004］。「土着の認識論」とは「ある文化集団による知識の理論化の方法」［Gegeo and Watson-Gegeo 2001：55］であり、それは「何が知識であるか、いかに知ることができるのか、知るに値するものとは何か」という問題を扱うとされる［Meyer 2001：146］。代表的な論者である現地人人類学者デイヴィッド・ゲゲオらは、ソロモン諸島クワラアエ社会においては、「西洋」のやり方ではなく「土着の認識論」に基づきながら自らの社会や文化、歴史についての知識を構築しているという［Gegeo and Watson-Gegeo 2001：55］。

こうした議論が出てきた背景には、伝統をめぐる議論において、何が「真実」であるのかをめぐる問いが深められることがなく、結局、西洋による知の「覇権主義」［Wooland 1985］的構造が問い直されることがなかったことに対する不満がある。とはいえ、「土着の認識論」をめぐる議論は、過度に西洋と非西洋の二項対立を強調し過ぎる傾向がある点にも注意を払う必要がある［Burt 2002：190］。例えば、「土着の認識論」を主張する動きに、伝統文化の戦略的な本質主義で議論されてきたような政治的な意図を読み込むことも可能であろう。しかし、オセアニアにおける「知る方法」の特徴についてすでに民族誌的報告がなされていることからも［Borofsky 1987］、こうした議論を現地人研究者や知識人による政治的な主張のみに還元することは慎まなければならない［宮崎 1999］。

「伝統の創造」や「伝統の政治」をめぐる人類学的な研究においては、本物であるかどうかという「真正さ」をめぐる問題に注目してきた。しかし、「土着の認識論」を踏まえるならば、伝統文化が「真正」かどうかという点のみならず、それが「真実」であるのかどうかという点をも考えていく必要があるだろう。本書は、これまでの人類学的研究が指摘してきた可変性をすべて否定するものではなく、それらのなかから「真実」をめぐる探求という側面をとらえ直すことを主張するものである。

例えば、「真実」をめぐる探求から創造性について以下のようにとらえることも可能であろう。探求とは「真実」が何かを明らかにすることであり、それ

13

はつまり、これまでの誤った認識を正すという過程を必然的に伴う。探求によって「真実」が変化することは、当事者にとってそれがより「真実」なものになったことを意味する。これまで人類学者が「創造」ととらえてきたものが、彼らにとっては「真実」の探求であったとしても必ずしも矛盾するわけではない。また、本書では、神話と首長制をめぐる探求に注目するが、それは実践の柔軟性を批判するものではなく、現地の人々が「真実」の探求を進めるなかで、実践の場における柔軟性がどのように生起するのかについても明らかにしていく。

　ナヌメアの神話と首長制をめぐる探求においては、単に個々人が納得する「真実」を明らかにするだけでは不十分である。「真実」が島のなかで共有される必要があるという点にも注意を払う必要がある。この点に関して、広くオセアニアの諸社会では、全員一致に基づく意思決定である合意（consensus）が社会的な価値として重要である点が注目に値する ［Huffer and So'o 2003, 2005；Lawson 2006；須藤 2000；東 2003］。オセアニアの諸社会の多くで、合意とは伝統的な意思決定の方法とされ、現在に至るまで家族や村落、あるいは時に国家レベルで実践されてきた ［Huffer and So'o 2003；東 2003］。「真実」がいかに共有されるのかを考える上で、土着の合意のあり方が参考になる。

三　構成

　ナヌメアの神話と首長制を探求してきたのは、なにもナヌメア在住のナヌメア人だけではない。首都に暮らすナヌメアの人々もまた、独自のやり方でその探求に加わってきた。また、そこに研究者も関係してきており、とりわけ人類学者キースが著した民族誌 ［Chambers 1984］はナヌメア人による探求に大きな影響を与えてきた。本書では、ナヌメアの神話と首長制をめぐる多様な探求について、西洋人研究者、首都フナフティ在住のナヌメア人、そしてホームランドであるナヌメアのナヌメア人の順番で検討していく。それぞれの探求について記述、分析、考察するのはいうまでもなく、そうした多様な探求同士の重なりとズレ、あるいは交渉の過程をも明らかにしていく。こうした検討を通し

て、ナヌメアの神話と首長制をめぐる探求を立体的に描写する。

　本書は序章と終章および 4 部からなる本論によって構成される。この序章に続く第一部では基礎的な情報を提示する。まず第 1 章で、ツバル・ナヌメアの社会、文化、歴史的な背景ならびに神話と首長制を概観する。続く第 2 章では、ナヌメア環礁という一つの物理的な島を越えて広がるナヌメア人の世界へと視点を移し、ナヌメア社会がホームランドに住むナヌメア人のみならず、首都フナフティなどの他の場所に住むナヌメア人によってディアスポラ的に編成されていることを明らかにする。

　第二部から第四部は本書の核となる民族誌的記述である。第二部で研究者、第三部で首都フナフティ在住のナヌメア人、第三部でホームランドであるナヌメア在住のナヌメア人を扱い、それぞれの探求について検討していく。研究者、首都在住のナヌメア人、ナヌメア在住のナヌメア人という順番は外部者、周辺化された内部者、内部者というような配置であるだけでなく、そこで取りあげる事例が緩やかに時系列的に並ぶ配置にもなっている。

　外部の研究者による探求を扱う第二部では、まず第 3 章でツバルの社会や文化について扱った既存の研究をまとめ、その多様さと歴史的な移り変わりを示す。続く第 4 章では、ナヌメアにおける人類学的な調査の草分け的存在である人類学者キースのフィールドワークを現地社会の人々との関係性に位置づけて検討し、彼の民族誌における神話についての記述がどのようにかたちづくられたのかを考察する。

　首都フナフティ在住のナヌメア人による探求を扱う第三部では、まず第 5 章で憲章作成を取りあげ、彼らがいかに神話をめぐる合意を形成しようとしてきたのかについて明らかにする。続く第 6 章では、首長制の成文化を取りあげ、首都在住のナヌメア人がいかに首長制をめぐる合意の形成を図ってきたのかを検討する。

　ホームランドであるナヌメア在住のナヌメア人による探求を扱う第四部では、まず第 7 章で人類学者キースの元調査助手の男性を取りあげ、彼が独自に行った「調査」と「証明」について考察する。第 8 章では、首長になれないクランの男性を取りあげ、彼が伝承してきた神話と彼が実践した首長制を事例に、

15

「真実」をめぐる探求をその実践のなかに位置づけて再検討する。

　終章では、人類学者、首都在住のナヌメア人、ナヌメア在住のナヌメア人の探求についてまとめた上で、ナヌメアの神話と首長制をめぐる探求の「真実」について考察する。最後に自らの調査について自省的に振り返り、本書がつくりだされた経緯を明らかにする。

　本書は、筆者によるツバルでのフィールドワーク（2005年10月から11月、2006年4月から2007年3月、2008年10月から2009年3月、2009年10月から2010年3月にかけての計26ヶ月）で得られた資料を基にしている。フィールドワーク期間中、ナヌメア環礁に計約20ヶ月、フナフティ環礁に計約6ヶ月滞在した。なお、本書に登場する人物の一部は仮名を使用した。

第一部

ナヌメア

扉写真：集合をかける

第1章

過去と現在

一　ツバル

　ツバルは、南太平洋・ポリネシアに位置し、5つの環礁と4つのサンゴ島によって構成される島国である。さしたる産業や資源はなく、GDP は約3,750万ドル（2011年現在）である［Tuvalu Statistics 2015］。国土の総面積はわずか26km^{2}で、2002年に行われたセンサスによると人口は9,561人である。全人口の91％がプロテスタント系の会衆派に属すロンドン伝道協会（London Missionary Society）の流れを汲むツバル・キリスト教会（EKT：*Ekalesia Kelisiano Tuvalu*）の信徒である［Secretariat of the Pacific Community 2005］。日常的にツバル語（後述のヌイではキリバス語）が話されるが、学校教育は英語で行われており、英語を話すことができる者も多い。

　北西から南東に、ナヌメア環礁、ナヌマンガ島、ニウタオ島、ヌイ環礁、バイツプ島、ヌクフェタウ環礁、フナフティ環礁、ヌクラエラエ環礁、ニウラキタ島の9つの島が連なる。それぞれの島にはポリネシア系の人々が暮らしているが、ヌイだけは現在のキリバスを故郷とするミクロネシア系の人々が住んで

19

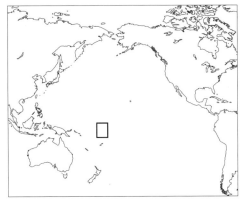

図1-1　ツバルの位置

図1-2　ツバル全図

いる。また、20世紀以前には定住人口を持たなかったニウラキタは、現在ではニウタオの一部であるとされている。そのため、以下、必要な箇所を除き、ニウラキタをニウタオの一部として扱い、ツバルを構成する島は8つとして記述する。ヌイとニウラキタを除く他の島々は言語・地理的な近接性を基に、北の島々（ナヌメア、ナヌマンガ、ニウタオ）と南の島々（ヌクフェタウ、バイツプ、フナフティ、ヌクラエラエ）に二分されるが、島ごとの方言差も大きく、それぞれの島が独自の言葉と伝統を持つとされる。

　現在のツバルは、首都フナフティへの一極集中が進んでいる。主要な政府施設や商店などはほぼすべてフナフティに位置しており、2002年現在人口の約半数の4,492人がそこで暮らす。首都以外の島々はすべて離島（*fenua ki tua*）と呼ばれている。離島の人口は2002年現在で、国立のセカンダリースクールがあるバイツプ島の1,591人が最大で、ニウラキタ島の35人が最少である。その他の離島は、400人から700人程度である［Secretariat of the Pacific Community 2005］。離島では伝統的な生業活動も盛んに行われているが、首都では貨幣経済が浸透しており、賃金労働をして輸入食品を購買するという近代的な暮らしが一般的である。

第1章　過去と現在

二　歴史

　初めてツバルに人が住み始めたのは、西暦1000年前後であると推定されている［Chambers 1975］。彼らは、ポリネシア系の人々であり、主にサモアやトンガからやってきたと考えられている［Chambers 1975］。人々はサンゴ礁の島々において、ココナツやタロイモ、パンノキなどの植物の栽培、ブタ、ニワトリなどの家畜飼養、近海での漁撈を合わせた複合的な生業によって、生活を確立していった。

　西洋との接触は1568年にスペイン人メンダーニャによるヌイ環礁の「発見」に始まる。しかし、ツバルは水や食料を大量に供給することができないうえに、座礁の危険性が高いサンゴ礁の島であったため、寄港地としての魅力に欠けており、その後、長い間にわたって西洋世界との接触は極めて散発的なものであった[1]。19世紀には、ドイツ人商人らが島々を活発に訪ねてコプラ貿易を行い、次第に住み着く者も現れ始めた［Macdonald 1982；Munro and Besnier 1985；Munro et al. 1990］。他方、1850年から1875年にかけて、ペルーからきた奴隷船によって、ヌクラエラエでは島のほとんどの成人男性が連れ去られているほか、フナフティでも多くの人々が誘拐されるという痛ましい事件が起きている［Maude 1981；Munro 1990c；Besnier 2009］。

　現在のツバル社会をかたちづくる上で最も重要な歴史的な出来事の一つが、キリスト教の受容である［Goldsmith 1989；Goldsmith and Munro 1992a］。ツバルに初めてキリスト教が伝わったのはクック諸島マニヒキ島からエレカナという男性信徒がヌクラエラエに漂着した1861年であるとされる［Goldsmith and Munro 1992b；Goldsmith and Munro 2002］[2]。その後、エレカナはクック

　1）　なお1819年にデ・パイスターというイギリス人が現在のフナフティ環礁を「発見」し、船の所有者であったエリスにちなんでこの島をエリス島と命名し、その後、8つの島全体がエリス諸島と呼ばれることになる。

　2）　このエレカナの漂着にまつわる話はロンドン伝道協会によって盛んに喧伝され、現在においても「公式」の歴史とされているが、それ以前にすでにキリスト教は伝わっていたと指摘する研究もある［Besnier 2009］。

21

諸島に一時帰還し、宣教師になるべくサモアの神学校で学ぶとともに、ツバルにキリスト教の福音をもたらすようロンドン伝道協会に働きかけていった。そして、1865年、エレカナは他のサモア人とともにロンドン伝道協会によってツバルの島々へ宣教師として派遣されることになる［Munro 1978, 1996, 2000］。

　今日、ツバルの人々はキリスト教の伝来を「光（maina）」の到来と説明する。それまでのツバルは「闇（pouliuli）」であり、人々は「無知」で、「野蛮」だった。キリスト教の伝来によって「光」が到来し、人々は「知識」と「分別」を手に入れたというのである。私は調査中に、キリスト教が伝来するのを知った精霊（aitu）たちは「光がやってくる」と言って島を去っていったという話を耳にした。しかし、ツバルの人々はすんなりとキリスト教を受け入れたわけではなかった。特に北の島々は何度か宣教師の上陸を拒んでおり、例えばナヌメアが宣教師を受け入れたのは布教活動が始まってから7年後の1872年であった。また、宣教師が上陸し、急速にキリスト教が普及していった後も、土着の信仰が完全に捨てられてしまったわけではなかった［Chambers and Chambers 2001］。

　とはいえ、サモア人牧師らは着実に信徒を獲得して影響力を拡大させていき、19世紀末から20世紀初頭にかけて土着の信仰が破壊され、「野蛮」な慣習が次々と廃止された［Macdonald 1982；Goldsmith 1989］。さらに、サモア人牧師は宗教的な権威を背景に世俗的な領域にまで介入し始め、政治的な権力をめぐって首長と対立していく［Brady 1975：121；Munro 1996：133-134］。また、ナヌメアでは、サモア人牧師の主導により、コピティ（kopiti）と呼ばれる地縁集団が廃止され、教会を中心とする村落が新たにつくりだされた［Chambers 1984：158］。

　ツバルでは、キリスト教への改宗後、長い間サモア人牧師を受け入れてきたが、1969年にツバル・キリスト教会として独立し、すべての牧師をツバル人に代えていった［Goldsmith 1989；Selu 2007］。もっとも、今日でも牧師は自らの故郷の島に赴任することができないため、島のなかで外部者であることにはかわりはない。また、現在では、牧師の影響力は信仰に関する領域に限られており、島の政治には関与すべきではないとされているものの、サモア人牧師と

22

第1章　過去と現在

同様にツバル人牧師も教会信徒の支持を背景に時に島の政治に介入してきた。

　キリスト教の受容に匹敵するほどの影響を与えたのが、イギリスによる植民地支配である。キリスト教の受容から遅れること数十年、1892年にエリス諸島（現在のツバル）はイギリスの保護領となり、1916年にギルバート諸島（現在のキリバスを構成する諸島）とともに植民地となった[3]。初め、植民地行政府は、伝統的な首長を中心とする政治体制を植民地支配に利用しようとしていた。1894年に出された初めての法律であるエリス諸島原住民法（Native Laws of the Ellice Islands）では、ツバルのすべての島はそれぞれ首長（*aliisili*[4]）が君臨し、カウンシル（*faipule*）や判事（*faamasino*）、警察官（*leoleo*）によって補佐されると定めている。しかし、その後の植民地支配では、首長の存在を無視する方向に転換し、1917年に改正されたエリス諸島原住民法では植民地行政府が指命した判事やカウンシル（*kaupule*）に大きな権限を委ねている。

　植民地支配によるこうした施策は次第に島の人々に受け入れられていき、判事やカウンシルが政治的な影響力を持ち始めた一方、伝統的な首長制は形骸化していく。そのため、1957年に植民地政府はナヌメアの首長位の廃止を命じているが、人々は特に反対することなくそれを受け入れたという［Chambers 1984：105-109］。植民地支配の影響として他にも、ドナルド・ケネディによる中等教育の整備があげられる。バイツプのセカンダリースクールの校長となったケネディの「スパルタ教育」の成果により、ツバルでは英語をはじめとする教育レベルが向上した。

　第二次世界大戦中には、一時的にイギリスの植民地行政官がツバルを離れて、入れかわるようにアメリカ軍が駐留し、ギルバート諸島タラワ環礁にいる日本軍への反攻の拠点とされた。ツバルは大きな戦場となることはなかったが、日本軍の戦闘機が投下した爆弾によって死傷者が出た。他方で、駐留した米軍に

　3）　そもそも、イギリス政府は、この辺境の島々を植民地とすることに乗り気ではなかったが、太平洋で影響力を強めるアメリカとドイツを牽制する目的で、植民地として組み込んだ［Macdonald 1982］。

　4）　このような初期の植民地行政府の文書には、ツバル語ではなくサモア語が使われている。

23

よる影響も大きく、フナフティ、ヌクラエラエ、ナヌメアに滑走路が建設された［McQuarrie 1994］[5]。

　戦後、世界的な脱植民地化の流れのなかで、ツバルも独立へと動いていった。1975年には住民投票が実施され、ツバルの人々はそれまで同じイギリスの植民地を構成していたギルバート諸島と分離することを選択した。この背景には、ツバルとキリバスの置かれた状況の差異がある。日本軍に占拠されたキリバスとは異なり、バイツプのセカンダリースクールは戦時中も開校しており、戦後、キリバス人がマジョリティを占める植民地のなかで、ツバル人が行政府の職の多くを占めることになる［Laracy 2013］。これに対して、独立を契機にキリバスの人々は政府関係の仕事を自分たちで占めようとする動きを示しており、タラワ環礁在住のツバル人は危機感を募らせていた。

　1978年にツバルは独立した。独立国としてのツバルは、国政において成人男女による普通選挙によって国会議員を選出し、そのなかの多数派が内閣を構成するといった「民主主義的」な制度を採用したのに対して、地方自治においては植民地支配時代に導入されたカウンシルを引き継ぎつつ、そこに首長制や集会所での話し合いというツバルの伝統を取りいれた。こうした動きと歩調を合わせるかのように、独立前後からツバルの伝統文化が大きく見直されていき［Seluka 2002］、1970年代から80年代にかけてツバルのすべての島でそれまで廃止されていた首長位が復活した［Chambers and Chambers 2001：208］。1997年には、地方自治に関するファレカウプレ法（Falekaupule Act 1997）が制定され、ファレカウプレ（*falekaupule*）と呼ばれる年長者による島会議が地方自治における最高決定権を持ち、首長は同会議を招集する権限を持つと定められた。同法により、島内のすべての政治的な決定はカウンシルから伝統的な島会議に委ねられるようになり、カウンシルで話し合われた内容は逐一、島会議にて報告され、そこで承認されることで初めて実行に移されるようになった。

　5）　滑走路の建設により、ココヤシをはじめとする多くの木々が切り倒されたほか、フナフティではタロピットなどの湿地が埋め立てられた。戦後、ナヌメアとヌクラエラエの滑走路にはココヤシが植えられたが、現在でもそうした場所のココヤシの実りはよくない。フナフティの滑走路は現在、フナフティ国際空港として受け継がれている。

第1章　過去と現在

三　ナヌメア

1　島

　ツバルの人々は島（*fenua*）への帰属意識が強い。この島とは、物理的な意味での島あるいは環礁を表すほか、そこに住む人々やコミュニティをも含意する。本書の舞台であるナヌメアはそうした意味の島の一つである。ナヌメアはツバル最北端の島で、首都のフナフティ環礁の北西約500kmに、最も近いナヌマンガ島まで70kmほどの距離にある。陸地面積は3.7km^2、三日月のような形の環礁で、環礁全体と同じ名前のナヌメア（Nanumea）のほか、ラケナ（Lakena）、モトゥ・フォーリキ（Motu Foliki）などの州島から構成されている。ナヌメア州島に島唯一の村落があり[6]、そこに多くの家屋が集まり、集会所、教会、島政府、学校、病院、商店などの施設が立地する。2002年のセンサスでは、人口は664人、世帯数は128である［Secretariat of the Pacific

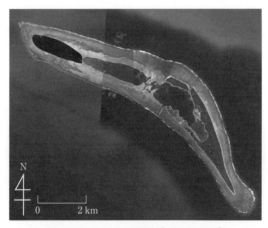

図1－3　ナヌメア環礁［google 2017］

6）　かつてナヌメアには現在の村落に加えて、本島から4kmほど離れたラケナ州島にも村落があった。ラケナの村落にも集会所と教会があったが、小学校や商店から遠くて不便であることに加えて、ナヌメアの村落からの働きかけもあり、次第に居住者を減らしていった。私が滞在中の2000年代後半にはラケナに居住する者はいなかった。

25

図1-4 ナヌメア村落 [google 2017]

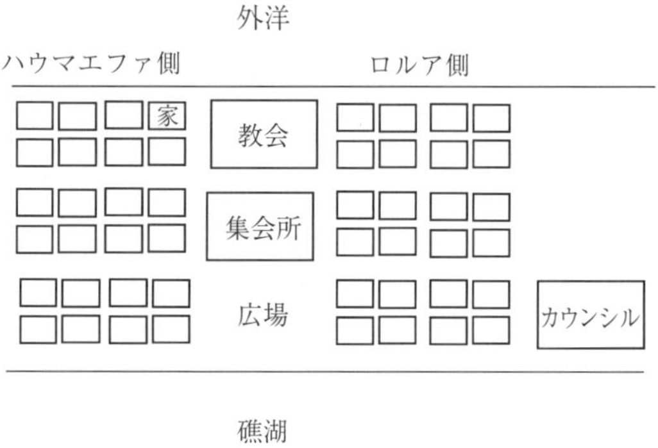

```
                    外洋
  ハウマエファ側           ロルア側
  □□ □□ 家    ┌──────┐  □□ □□
  □□ □□      │ 教会  │  □□ □□
              └──────┘
  □□ □□      ┌──────┐  □□ □□
  □□ □□      │ 集会所 │  □□ □□
              └──────┘
  □□ □□      ┌──────┐  □□ □□    ┌──────┐
  □□ □□      │ 広場  │  □□ □□    │カウンシル│
              └──────┘           └──────┘
                    礁湖
```

図1-5 ナヌメア村落の社会空間

Community 2004, 2005]。人口のほとんどはナヌメア出身のナヌメア人である[7]。

　島の社会空間は、伝統（*tuu mo aganuu*）、政府（*malo*）、宗教（*lotu*）という3つの領域に分けて考えることができる。そして、その3つの領域には集会所、島政府事務所、教会というそれぞれを代表する建物がある。

2　伝統と集会所

　集会所は島の中心であり、ナヌメアの伝統そのものであるともいわれる。建物自体は、コンクリートの柱とトタンの屋根でできた、いたって簡素なつくり

---

7) もちろん、ツバルの他の島の出身者もいるほか、筆者の調査時にはキリバス人とナウル人も数人いた。

26

第1章　過去と現在

である。集会所では饗宴やダンスパーティが催され、人々の憩いの場所でもあるが、最も重要なのはそこで島全体の話し合いである島会議（*talatalaga*）が開かれることである。集会所はナヌメアではアヒンガ（*ahiga*）と呼ばれる。これは、「言葉を披露すること」という意味であるアヒンガ・オ・ムナ（*ahiga o muna*）が省略されたものであるといわれている。アヒンガという名前は、島の人々がみな自分の意見を出し合うという島会議の真髄を表したものであるとされる。

　島会議は島の意思を示す場であるとされるが、ナヌメアに居住するすべての人々がそれに参加するわけではない。実際に参加するのは、敬意を込めてトエアイナ（*toeaina*）と呼ばれる男性年長者に限られる。年長者と認識されるのは、一般的には50歳以上であり、特に発言力を持つのが60歳以上の者である[8]。それよりも若い30代から40代の男性が島会議に参加することもあるが、何らかの役職を持つ場合を除けば彼らが発言することはない。他方で、女性や若者、子どもたちは島会議に参加することはなく、彼らを含むナヌメアのすべての人々の意見は、年長者らによって代弁されるべきだとされる。年長者による島会議で決定されたことは、「島の結論（*fakaikuga ote fenua*）」とされ、それは島の全住民に拘束力を持つ。

　島会議では、島の伝統的なやり方である合意に基づく意思決定が行われている。そこではまず、議長から議題が提示され、それに対して参加している年長者から意見が表明される。2人続けて同じ意見が出され、その他に発言をする者が出なければ、その議題は合意されたとみなされる。他方で、反対意見が出された場合には、その後、どちらかの陣営が意見を撤回するまで他の者も巻き込んで延々と話し合いが続けられる。このようにして参加者全員が同じ意見であるとみなされたものだけが、「島の結論」とされる。ただし、近年では後述

---

8)　もっとも、年長者のなかでもすべての者が発言することができるとされているわけではない。発言することが認められるのは、これまで島に貢献した者に限られるともいわれている。具体的には、島のために労働力や金銭を提供してきた者が発言すべきであり、そうしたことをしてこなかった者はたとえ年長者といえども、その発言に耳を貸す者はいない。そのため、集会所とは、単に言葉を披露する場所ではなく、自分がどれだけ「島の幸福」のために貢献したのかを披露する場であると主張する者もいる。

27

写真1-1　集会所

のファレカウプレ会議における予算案の承認などの政府に関する議題を中心に、「白人のやり方（*fakapalagi*）」である多数決によって決断が下されることもある。

　独立以降のツバルでは、集会所での島会議は、伝統的なガバナンスのあり方として再評価され[9]［Paeniu 1995；Seluka 2002］、特に1990年代には地方分権化と結びつけられながら国家の制度のなかに取り込まれていった。この動きを積極的に進めていったのが、1996年から1999年まで首相であったビケニベウ・

9）　もっとも、集会所がどの程度、伝統的なものであるのかについては多様な議論がある。フナフティ、バイツプ、ヌクラエラエなどの南の島々では集会所を表す言葉としてキリバス語のマネアパ（maneapa）という言葉が広く使用されてきており、また、キリスト教の受容以前にツバルを訪れた外来者が残した記録においても集会所に類するような建物に関する言及がない。こうしたことから比較的近年になってキリバスから伝えられたか、サモア人牧師が持ち込んだものであるという意見もある［Goldsmith 1985］。他方で、ナヌメアでは集会所はアヒンガというツバル語で呼ばれており、近年、外部社会から流入したとは考えられないことや、いまのようなかたちの建屋はないが、島全体で集合して話し合っている様子は植民地化以前にも記録されていることから、西洋世界との接触以前から島会議自体は存在した可能性が高いという主張もなされている［Chambers and Chambers 2001］。

第 1 章　過去と現在

パエニウである。地方分権化は植民地支配時である1960年代から始まるが、カウンシルへの権限の移譲が議論されてきた。これに対して、彼の政権下ではツバルの伝統である集会所を中心とするローカル・ガバナンスのあり方を提示していった。そして、1997年にツバルの全島の首長や年長者らを集めてニウタオで開催された大規模な会議にて支持を得た後、同年の国会で制定されたのが前述のファレカウプレ法である。

　同法によって、島政府のすべての事がらはファレカウプレ会議（*fono o falekaupule*）によって決定されるよう定められた。ただし、同会議は、参加者は50歳以上の男女で、首長が会議を招集し、決定事項は首長による署名によって正式に認められることが規定されているだけで、具体的な話し合いの仕方などはそれぞれの島の伝統に委ねている。このファレカウプレ法に基づく会議がファレカウプレ会議であるが、ツバルの伝統的なやり方を法律に取りいれたこともあり、それぞれの島ですでに実施されてきた島会議としばしば混同される。現在、ファレカウプレ会議としてはっきりと区別して認識されているのは、島政府の予算の承認とカウンシル長の選出である。こうしたファレカウプレ会議では島会議とは異なり、多くの女性が参加する。

　ナヌメアで伝統的な島会議および島政府のファレカウプレ会議での議論を取り仕切ってきたのは、首長クラン（*maga aliki*）の代表者からなる首長クラン会議（*kau aliki*）である。ナヌメアにはトゥーマウ（Tumau、別名：アリキ・オテ・タイ Aliki ote Tai）、アリキ・ア・ムア（Aliki a Mua、別名：ピヘレア Pihelea）、アリキ・ア・ムリ（Aliki a Muli）、トゥイナヌメア（Tuinanumea）、パーヘイロア（Paheiloa）、タウアレプク（Taualepuku）、ポロンガ（Pologa）という7つの首長クランがある[10]。首長クラン会議の重要な仕事の一つは、島会議を運営することである。首長クラン会議は月に1度、話し合いを開き、現在、島で問題になっていることについて議論し、島会議で話し合うべき議題（*mataupu*）を決める。島会議においては、彼らのうちの1人が議長（*tukumuna*）として話し合いを取り仕切るほか、島会議で出された結

10)　首長クラン会議は、この7つのクランの代表で構成されており、「7人（Toko Fitu）」とも呼ばれる。

29

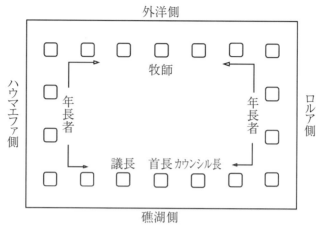

図1-6 集会所の座席

論を実施する役割をも持つことから、首長クラン会議は島の「片腕」とも表現される。もう片方の「腕」は後述する島政府である。

　集会所ではどこに座るかが重要な意味を持つ。集会所の内側には18本、柱が立っており、島会議や島の饗宴などでは有力な男性年長者などの社会的な地位の高い者のみがこの内側、とりわけ、柱にもたれかかって座ることが許される。柱のなかでも、礁湖側の中央の柱は首長の座席であり、その左右の柱には首長クラン会議の議長とカウンシル長が座る。首長の対面である外洋側の中央の柱は牧師が座る。年少者や女性は通常、柱の外側に場所を占める。首長、牧師、首長クラン会議の議長、カウンシル長以外の年長者やその他の者は後述するハウマエファとロルアに分かれる。柱の前に座ることは大変名誉なことであり、いずれはそこに座れるように若いうちに島のために働くべきだといわれる。反対にいえば、島のために働いてこなかった者は年長者になったとしてもそこに座ることが躊躇われる。

　この他にも、伝統の領域にある組織として、フェイトゥー（feitu）と呼ばれる村落を二分する双分組織がある。集会所を挟んで村落の南東側にハウマエファ（Haumaefa）、北西側にロルア（Lolua）があり、牧師や短期的な滞在者

を除けば、島のすべての者はそのどちらかに所属しなければならない。基本的には居住場所に基づき、家（*fale*）単位で所属するが、双分組織を変更することも可能であり、完全に地理的な区分と一致するわけではない。タロピットでの農作業や護岸工事、饗宴の準備など、島の協働作業はこの双分組織ごとに行われ、ファーテレ（*fatele*）という伝統的な踊りやアノ（*ano*）という伝統的なスポーツはこの双分組織間で競い合われる。また、集会所の話し合いでは双方から意見を述べるべきだとされ、カウンシルによる短期プロジェクトでの雇用などでも双方から採用されるように配慮するなど、双分組織が平等であることが望まれる。双分組織は島の社会生活のさまざまな場面において顔を出し、例えば、カウンシルの選挙もこの双分組織間の争いへと転化するなど、しばしば敵対する。しかし、2つがうまく競合することで、島の饗宴を盛り上げ、協働作業にも熱が入り、結果的に島全体の一体感をつくりあげることにもつながると考えられている。

　饗宴の準備という点において[11]、同様の機能を果たすものとしてファカウア（*fakaua*）がある。ファカウアとは、島の行事において食物の供出を行う単位であり、島に常に貢献することが可能な者が首長クラン会議に登録されている。ファカウアと双分組織は実質的にともに世帯単位で所属し、どちらも饗宴のための準備を行うことで共通するが、その大きな違いはファカウアが自ら申請することで登録されるのに対して、双分組織には必ずどちらかに所属しなければならない点である。なお、1970年代にファカウアは双分組織の下に置かれるとされていたが、1980年代に首長クラン会議が復活すると彼らがファカウアを管理し始める［Chambers and Chambers 2001：196］。ただし、私の調査時である2000年代後半では、ファカウアはすでに形骸化し、食物を供出する単位としては機能していなかった。

3　政府と事務所

　島政府は、首長クラン会議と同じく島の「片腕」である。島政府の事務所

---

11)　なお、ツバルにおける饗宴の重要性については荒木［2010a, 2010b, 2012b］に詳しい。

（*ofisa*）は、集会所から数百 m ほど離れた礁湖に面した場所に立地している。コンクリートでつくられた1階建ての小さな建物であり、十数人の職員が勤務している。人々はさまざまな手続きをしにこの事務所に来る。島政府はツバル政府とナヌメアの人々を仲介する（*hokotaki*）役割を担うとされており、ナヌメアの人々にとって中央政府の出先機関と位置づけられている。この島政府を動かすのが、ツバル語でカウプレ（*kaupule*）と呼ばれるカウンシルである。カウンシルは20歳以上の島民による選挙によって選出された6人の議員によって構成されており、そのなかからファレカウプレ会議にて50歳以上の男女による選挙によってカウンシル長（*pule o kaupule*）が選出される。カウンシルの方針は、カウンシル長を中心にすべての議員による話し合いで決定される。カウンシルの仕事のなかで最も重要なものが、島政府の予算の編成とその執行および条例（bylaw）の制定である。

　1997年にファレカウプレ法が制定される以前には、このカウンシルがツバル政府によって任命された島行政官（Island Executive Officer）とともに、島にまつわるさまざまな事がらを決定していた。カウンシルや島行政官の決定事項が集会所に伝えられ、年長者の意見が聞かれることもあったが、法律上は島会議には何の権限も付与されていなかった。これが、1997年に制定されたファレカウプレ法によって、すべての決定事項は集会所での会議に諮られることになる。カウンシルは集会所に議題を提示し、集会所の決定事項を実施する機関として位置づけられるようになった。そのため、カウンシルで話し合われた事がらは逐一、集会所にて報告され、そこでの合意を経て初めて実行に移されるようになった。

　首長クラン会議とカウンシルはともに島の「片腕」であり、首長クラン会議が伝統に関する事がらを扱い、カウンシルが政府に関する事がらを扱うとされる。しかし、伝統と政府という区分は実際上、うまく分けられるものではない。カウンシルが島の伝統に関する事がらについて、首長クラン会議が政府に関する事がらについて提案することもあり、そうなると自分たちの影響力を強めようとする試みであるとして他方からの反発を招く。これを解消するために、カウンシルと首長クラン会議の合同の話し合いが持たれたこともあったが、建設

第 1 章　過去と現在

写真 1 − 2　島政府事務所

写真 1 − 3　島政府の職員

的な話し合いの場とはなっていない。

33

4 宗教と教会

簡素なつくりの集会所やコンクリート平屋建ての島政府と対照的に、教会（*fale tapu*）はナヌメアで最も精巧につくられた建物である。壁はラヘ（*lahe*）と呼ばれるサンゴ礁の消石灰でつくられており、西洋風の窓と複雑なつくりの屋根を持つ。建物内部には、ステンドグラスをバックに高くそびえたつ祭壇がひときわ目を引き、その前には信徒が座る長椅子が整然と並べられている。日曜日になると、子どもから若者、年長者まで多くの人々がそれぞれの正装で礼拝に集まる。

2002年現在、ツバルの全人口の91％がツバル・キリスト教会の信徒であるが［Secretariat of the Pacific Community 2005：23］、その割合はナヌメアをはじめとする離島ではさらに高いと考えられる。私の世帯調査によると、2009年10月現在、ナヌメアの全人口590人のうち、558人がツバル・キリスト教会の信徒であり、その割合は約95％にものぼった。その他の宗教には、バハイ教が20人、セブンスデイ・アドベンティストが10人、キリスト教兄弟団（Brethren）が1人、モルモン教が1人であった。キリスト教の他宗派の者はしばしばツバル・キリスト教会の礼拝に参加するため、両者の境界はさほど厳格なものではない。他方で、バハイ教は独自の建物を持ち、そこで礼拝を行う。そのため、ナヌメアでは圧倒的大多数がツバル・キリスト教会の信徒で、宗教的なマイノリティにバハイ教徒がいるという構図になっている。

ツバル・キリスト教会は、牧師（*faifeau*）を頂点として、執事長（*tiakono matua*）、執事（*tiakono*）、信徒（*ekalesia*）へと階層的に組織化されているほか、聖歌隊、女性団体、青年団などのグループもあり、専属の大工もいる。教会の運営に関する事がらはすべて教会が定めた内部規定［EKT 2002］に則りながら実施され、執事の会議と一般信徒の会議では多数決によって物事が決定される。牧師は中立的な立場であるよう望まれ、通常は島の政治には介入しない。日曜日の礼拝時の説教や教会の会議において、島の事がらに意見をすることはあるものの、神学的な観点から一般論を述べるだけのことが多く、世俗的な事がらに関してあからさまに自らの意見を述べることはない。そのため、集会所で開かれる饗宴などには欠かさず出席するが、島会議には出席しない。とはいえ、時に信徒集団を介して、島の政治への介入を試みる牧師もいる。

第 1 章　過去と現在

写真 1-4　教会

写真 1-5　礼拝に集まる人々

35

写真1-6　礼拝に行く

　ナヌメアでは、ツバル・キリスト教会は島の宗教であるとされる。それには、次のような歴史的な背景があるという。ロンドン伝道協会の宣教師が初めて島を訪れた時、当時の首長はキリスト教を島の宗教として受け入れ、自らが持っていた宗教的な側面を牧師に任せることにしたという[12]。キリスト教は外来のものであるとはいえ、現在ではその外来性が意識されることはほとんどない。また、その受容からすでに100年以上経過した現在、それは島の伝統と切り離して考えることはできない。例えば、テホラハの日（*Po Tefolaha*）と呼ばれる島最大の饗宴は20世紀初頭に牧師の主導で始められたものであるが、現在ではナヌメアを代表する伝統となっている[13]。

---

12) かつては首長が人々から食物の献上を受けていたが、この時に、首長が自分ではなく、土地を持たない牧師に対して行うように指示したという。現在でも、毎週木曜日に首長クラン会議が主導して島の人々から食物を集め、それを牧師に献上しており、この慣習が教会は島公認の宗教であることの証拠とされることもある。なお、献上されるのはタロイモ、ココナツなどの食物であるが、現在ではそれに加えて、輸入米や現金などが渡されることもある。

13) 他にも、伝統的な踊りであるファーテレは、教会の主導の下で、それまであった歌と踊りから「野蛮」で「未開」な要素をそぎ落とすことで「創造」されていったもので

第1章 過去と現在

　こうしたこともあり、教会は長らく島と同一視されてきた。例えば、2000年代前半までナヌメアの女性団体（Fafine Nanumea）は教会の女性団体であり、信徒の中から選出された女性がナヌメアの女性団体のトップとなっていた。現在では、政教分離に関する考え方も浸透しつつあり、島の活動と教会の活動が区別されるようになってきたが、島と教会の区分は今でも曖昧である。宗教的なマイノリティにとって島と教会の重なりは不満の種であり、しばしば争いの火種ともなってきた。例えば、教会の行事は島の行事として集会所で行われ、島の行事に教会の牧師が招待されることが多いが、集会所で他の宗教の行事を行うことは事実上、不可能であり、島の行事に他の宗教の聖職者が招待されることはない。ナヌメアでは、朝、夕の決まった時間に教会の信徒はそれぞれの家で礼拝を行う。この時に村落に設置された鐘が鳴らされ、礼拝の妨げとなるバイクの通行が禁止される。私の滞在中に、バハイ教の信者の女性が村落の中をバイクで通行したことが問題となった。教会の信徒の会議では、その女性に対して制裁を加えるよう求める意見も出たが、穏便な解決方法として、なるべくそういうことをしないように「お願いする（fakamolemole）」ことで事態の解決が図られた。多くのバハイ教徒が教会への配慮を求められる一方で、バハイ教徒へは何も配慮がなされていない[14]。

　他方で、ツバル・キリスト教会に属し、その活動に熱心に参加する者のなかにも、教会に対して不満を持つ者もいる。彼らが不満に思うものの一つに寄付金の多さがある。教会への寄付は個人の良心に基づき、持てる者は多く払い、持たない者はそれ相応の金額でいいとされる。しかし、寄付金の額は人々の関心の的であり、逐一、信徒全体に誰がいくら払ったのかが公表されるため、自らの良心のみで金額を設定できるわけではない。なかでも11月には、信徒集団が4つのグループに分けられ、グループ間で寄付金の額を競い合う。寄付金の

あるという。

14）　こうした状況は国家単位でも同様である。憲法では信教の自由が定められているが、実質的に、ツバル・キリスト教会がツバルの国教となっている。ツバルの公式な国家行事においては、ツバル・キリスト教会の牧師が祈りをささげることが慣例となっている。

多寡の順に12月に開催される礼拝が行われるため、人々は寄付金の額を競い合い、結果として一人ひとりの負担が大きくなる。そのため、この時期になると、多くの人々がフナフティや国外に居住する親族に連絡を入れて、いくばくかのお金を送ってもらっている。

5　伝統、政府、宗教

　伝統、政府、宗教という3つの領域は実際には重なり合うことも多い。そもそも3つの領域の成員はかなりの程度、重複している。首長クラン会議の代表として島会議を招集したり、あるいは年長者として集会所で発言してきた者が、島政府のカウンシル議員になることも珍しくない。教会の執事の会議の参加者は、集会所での島会議に参加する年長者とほとんど同じ顔ぶれである。ある男性年長者は、首長クラン会議に参加し、集会所での話し合いにおいては一人の年長者として発言しているが、教会の執事長でもあり、かつてカウンシル議員を務めていた経験を持つ。基本的には、カウンシル議員や首長クランの代表などの役職（*tofiga*）を持つ者は他の重要な役職につくことはできないが、それ以外の者の多くは3つの領域に何らかのかたちでかかわっている。ただし、この伝統、政府、宗教という3つの領域が重なり合うからといって、この区分が意味がないというわけではない。ナヌメアの人々はそれぞれをはっきりと区別し、伝統に関することは集会所で、政府に関することはカウンシルで、宗教に関することは教会で話し合うべきだととらえている。

　現在では伝統は島とほぼイコールで結ばれるほど大きな影響力を持っているが、必ずしも常にそうであったわけではない。伝統、政府、宗教を代表する組織である首長クラン会議、カウンシル、教会の三者は、島の代表の座をめぐって争ってきた。また、伝統、政府、宗教という区分も確固たるものとして存在しているというよりは常にその区分自体が交渉され続けてきた。19世紀末から20世紀初頭にかけては、教会と牧師の影響力が強く、首長クラン会議は島の周辺に位置していた。伝統は教会の意向に合わせて再解釈され、教会の活動に利用されていた。ナヌメアの村落は教会を中心に再編成され、現在、島の中心とされる集会所も教会の主導で建設された。また、先述の双分組織もこの時に教

会によって導入されたという［Chambers and Chambers 2001］。こうしたことからこの時期は教会が島を代表していたと考えられる。

　教会がこうした影響力を行使しえたのは20世紀初頭までであり、その後は宗教的な側面に限定され、世俗的な影響力は植民地行政府によってとってかわられていく。ただし、教会の影響力は根強く残っており、先述の通り現在でも教会と島との区別は時にあいまいである。19世紀末に始まる植民地支配がナヌメアにおいて浸透していくと、次第にカウンシルの影響力が増加していく。植民地行政府を権力の源泉とするカウンシルの影響力は第二次世界大戦以降、顕著になっていき、ナヌメアでは1970年代において一つの頂点に達する。1970年代には首長制が廃止され、こうした伝統はもはや時代遅れの産物とされた。集会所での島会議も植民地行政府の末端の組織であるカウンシルが取り仕切っていた。この時期は、カウンシルが島を代表していたととらえることができるだろう。

　しかし、1978年の独立を境に、島のことは伝統に則って行われるべきだという意見が強くなり、首長クラン会議が集会所での話し合いを取り仕切るようになる。1997年に地方自治法が改正され、島の事がらは伝統的なやり方に従って決められるべきだと法的に定められると、カウンシルも伝統の枠組みのなかで位置づけられることになる。集会所での島会議を管理するのは首長クラン会議であるとされ、カウンシルが島の人々の意見を聞くために開くファレカウプレ会議も、首長クラン会議の協力なしには開催できない。

四　神話と首長制

　ナヌメア社会がキリスト教の受容や植民地支配によって変容するなかで、神話と首長制もまた大きく変わってきた。また、現在の神話と首長制に限っても、その具体的な内実に関してナヌメアの人々の間で意見が大きく分かれることも多い。こうした意見の差異は本書を通して検討していくが、ここではまずそのための基礎的な情報を提示したい。

1 テホラハ神話

ナヌメアにはさまざまな神話があり、かつてこの島でどのようなことが起きたのかを伝えている。そのなかでも最も重要なのは、伝説的な始祖テホラハ（Tefolaha）[15]とその子孫をめぐる神話である。この神話には多くのバリエーションがあるが、これまで記録されたもの［Roberts 1958；Isako 1983；Chambers 1975；Chambers 1984；Chambers and Chambers 2001］や私のフィールドワークで得られた情報に共通する骨組みはおよそ以下のとおりである。

テホラハが、サモアもしくはトンガからナヌメアに到着し、パイ（Pai）とバウ（Vau）という2人の精霊を追い払った。その後、一時的にサモアもしくはトンガに赴き、再びナヌメアに戻った。その間、テホラハは妻を娶り、子どもをもうけた。やがてテホラハは自分の子どもに、首長として島を治める役割や食物の切り分けや分配する役割などそれぞれになんらかの役割を与えた。彼らの子孫はテホラハによって与えられた役割を持つ首長クランを形成し、それは現在に至るまで継承されてきた。

テホラハがパイとバウを追い払う話は私の調査時においてもよく聞かれるものであった。細かい差異はあるものの概ねすべて以下のような内容であった。

　昔、パイとバウという2人の女が海のなかに砂の島をつくり、そこで暮らしていた。その後、テホラハがサモアもしくはトンガからこの島に来た。彼はここが無人島であると考えたが、砂の上に足跡を見つけ、それを追って行くと、2人の女が住む家を見つけた。テホラハは2人に自分の島で何をしているのかと尋ねた。しかし、2人はこの島は自分たちがつくったものであり、テホラハに対してすぐに島を去るようにいった。そこで、テホラハは2人が

15）　テホラハに関する神話は他のオセアニア島嶼社会においても聞かれ、サモアではホラサ（Holasa）、キリバスではボラタ（Borata）と呼ばれる。ナヌメアのテホラハ神話はポリネシア全域にみられるマウイ神話の一つであるという［高山ほか 2006：204］。

第1章　過去と現在

自分の名前を知っているのならば、自分はここから去るが、もし自分が2人の名前を知っているのならば、2人はここから出て行き、この島は自分の島だと持ちかけた。2人はそれに同意した。

　テホラハは精霊に変身し、2人が住む家の天井にこっそりと忍び込み、蜘蛛を片方の女の上に垂らした。すると、もう片方の女が「パイ。あなたの頭の上に何かいる」と叫んだ。テホラハは別の女の方に蜘蛛を垂らした。すると、もう片方の女が「バウ。あなたの頭の上に何かいる」と叫んだ。

　テホラハは人間に戻ると、2人の女の前に行き、片方の女を指して言った。「あなたはパイだ」。別の女を指して言った。「あなたはバウだ」。「今度はあなたが私の名前を言う番だ」。2人の女は砂の入ったカゴを持ってナヌメアを去って行った。途中で砂をこぼし、ラケナができた。

　ナヌメアの神話のなかには、テホラハ以降の事がらについて詳細に伝えるものもある。例えば、ナヌメアを侵略しにきたトゥラポウポウ（Tulapoupou）というトンガ人をいかに追い払ったのかを伝える神話がある。トゥラポウポウはココヤシよりも高い巨人で、ナヌメアに来て人々を次々に襲っていった。これに対して、ラピ（Lapi）という男がテホラハの持ってきたカウマイレ（Kaumaile）という木のヤリを使ってトゥラポウポウを倒した。村落の外洋側の礁原には2つの大きな穴が開いており、これはトゥラポウポウの足跡だといわれている。

　侵略者を追い払ったことを伝える神話は他にもある。トゥラポウポウの後に、カイトゥ（Kaitu）とウアケイア（Uakeia）というキリバス人に率いられた一群がナヌメアに攻めてきた。それを、千里眼（*mataili*）によって知ったナヌメアの人々は、強い海流をつくりだして彼らの上陸を阻止した。しかし、その後、タイタイ（Taitai）というキリバス人らの上陸を許してしまう。彼らはナヌメア人の家族の養子になり、ナヌメア人女性と結婚することで、島の一員として受け入れられていった。そうしたなか、彼らは自分たちの計画の邪魔になりそうな男たちを秘密裏に殺していき、最終的には首長らを追い払って島を支配するに至った。

41

首長をはじめとする多くの人々がニウタオなどの近隣の島に逃れていったが、ロゴタウ（Logotau）とマアティオ（Maatio）はナヌメアに残り、森のなかに隠れて反撃の機会をうかがっていた。ロゴタウらは集会所を建設するために掘っていた柱の穴のなかにタイタイを誘い込むと、彼を殺し、残りのキリバス人も追い払った。ニウタオに逃げ延びていた首長らは、島が再びナヌメアの人々の手に戻ったことを千里眼で知り、島に帰還した。島に着いた後、彼らはロゴタウに首長となるように求めたが、ロゴタウはそれを断り、彼らが首長として島を治め、自らは首長を監督する役割を担うと宣言した。

　テホラハおよび彼の子孫に関する神話は、ナヌメアのなかで重要な意味を持つ。彼らは時に自らを「テホラハの子ども（gatama a Tefolaha）」と形容し、自らを他島民と区分する。前述したテホラハの日と呼ばれるナヌメアで最も重要な饗宴は、教会によってつくられたものではあるが、現在でもテホラハの子孫というナヌメア人のアイデンティティを確認する日となっている。

　さらに、テホラハ神話の重要性はナヌメア人としてのアイデンティティにとどまらず、今日の首長制に関連していることにある。テホラハ神話によって首長制が存在することの正統性が担保され、そして、首長制がどのようなやり方で行われていくのかを示す根拠となっている。首長制との関連で特に重要になるのが、テホラハの子孫たちの系譜関係と彼らに与えられたとされる役割である。また、侵略者を追い払った者が監督役になったという点も重要である。後述するように、ナヌメアの首長制は首長よりも監督役であるトゥーマウという首長クランの影響力が強い点に特徴がある。この首長ではなく、監督役クランの役割を正当化するのが、侵略者を追い払ったという神話である。

　ナヌメア人のほぼ全員がテホラハ神話について多かれ少なかれ知っていた。なかでも、テホラハがパイとバウを追い払う話は最も有名で、ナヌメアに来てすぐに、お世話になっていた家族の子どもたちから教えてもらった。私がナヌメアに滞在中、毎日のように神話を聞くということはなかったが、パイとバウの話を教えてもらったように、特に質問をしなくても人々は時に私に神話を話してくれたり、ナヌメアの人々同士が神話について話しているのを耳にしたりすることもあった。

第1章　過去と現在

　神話の伝承に関しては、父のみならず、母、祖父、祖母、オジ、オバなどの身近な親族から教わっており、必ずしも父系や母系などで継承されているわけではなかった。また、神話は口頭のみならず、文字としても伝承されてきた。19世紀末にキリスト教の宣教師によって文字がもたらされるとすぐに、ナヌメア人のなかにはテホラハ神話の系譜関係をメモとして書き記していた者もいたという。私の調査でも、テホラハから始まる系譜関係についての記録を保持する者に何人か会うことができたほか、テホラハ神話全体を記したノートも数冊確認している。これに加えて、より公的なかたちでの記録も残されている。例えば、1983年に出版されているツバル人によるツバルの歴史書［Laracy (ed.) 1983］では、テホラハ神話について、タウルというナヌメア人が執筆しているほか、第5章で論じるように、首都フナフティ在住のナヌメア人が作成している憲章にもテホラハ神話が記述されている。
　近年では、ナヌメアの神話のいくつかはアニメ化され、インターネット上で公開されている。動画を制作したのは、ジョージ・サムエルズというオーストラリア在住のナヌメア系の男性である。彼は2007年から2009年にかけて、前述のテホラハがパイとバウを追い払う話やトゥラボウポウの話など、ナヌメアの神話や伝統について3つの短編アニメをVimeoという動画共有サイトで公開している。

図1-7　アニメ化されたパイとバウ［Samuels 2009］

43

図1-8　アニメ化されたテホラハ［Samuels 2009］

2　首長と首長クラン

　ナヌメアの首長位はイギリスによる植民地支配の影響により、1957年から1986年の間、廃止されていた。廃止前の首長はアリキ（*aliki*）と呼ばれていたが、アリキがキリスト教の神を意味するという理由から、復活後の首長は島長を意味するプレ・フェヌア（*pule fenua*）と呼ばれてきた。

　すでに説明したように、ナヌメアには首長クランが7つあるが、そのなかで、アリキ・ア・ムア、アリキ・ア・ムリ、トゥイナヌメア、パーヘイロア、タウアレプクの5つのクランの成員のみが首長になることができる。他方、ツバル語で「奴隷」という意味を持つポロンガ（*pologa*）は首長の補佐であり、トゥーマウは首長の監督であるとされ、この2つのクランの成員は首長にはなることはできない。よって、7つが首長クランとして数えられ、各クランの代表者は首長クラン会議を構成しているが、首長になれるのはそのなかでも5つのクランの成員のみということになる［表1-1参照］。現在、首長クランのメンバーシップは父系的に継承されるが、かつては母系の継承もあったという。

　ツバルでは、同じポリネシアのトンガのような王、貴族、平民といった階層はなく、首長位が世襲されることはない。首長は一時的にその地位にあるに過ぎず、首長経験者であっても一度その地位を離れれば他の多くの年長者と同じように扱われる。島の男性年長者の大半がなんらかの首長クランに属すため、

第 1 章　過去と現在

表1-1　首長クランの名称とその役割

首長クランの名称	役割
トゥーマウ	首長の選出／監督
アリキ・ア・ムア	首長になる
アリキ・ア・ムリ	首長になる
トゥイナヌメア	首長になる
パーヘイロア	首長になる
タウアレプク	首長になる
ポロンガ	首長の補佐

島に住む多くの男性年長者が潜在的には首長になることができる。しかし、復活以降の歴代首長の在位期間は、1980年代から90年代にかけては3、4年、長くて6年ほどだったが、2000年以降は1年足らずで交替するケースも多く、首長位が空位であることも珍しくなくなっている［表1-2参照］。これには、首長位が空位であってもトゥーマウ・クランという首長クランの一つが首長の代理となるため地方自治法においては特に問題にならないことや、首長になることを望む年長者が少ないことに由来する。

　首長になるためには、5つの首長クランのいずれかの成員であることのほかにも、自らの家を持つこと、妻もナヌメア人であることなどの条件がある。また、首長になるための条件というよりはそれに適切な人物像としては、品行方正であることがあるほか、後述するカタという超自然的な力を持つことなどがあげられる。他方で、有力な年長者に求められる演説のうまさや政治的リーダーシップなどは必要とされない。ある男性年長者は、首長は何も問題を起こさない「常識的」な者が適当であり、饗宴などに問題なく出席することができる者がいいと主張していた。なぜなら、「首長はただ座っているだけ」だからだという。

　首長に対しては多くの敬意（*malu*）が払われるが、経済的な利益を受けるわけではない。首長は再分配の中心に位置するわけでもなく、土地制度との関連もない。かつて行われていた首長への食物の献上も現在では教会の牧師が受けとっている。首長は島の政治のなかで重要な役割を果たすが、首長になった

表1-2　ナヌメアの歴代首長（1986年～2010年）

在位期間	首長の名前	首長クラン
1986年～1988年	ミタ	トゥイナヌメア
1988年～1993年	アレサナ	アリキ・ア・ムア
1993年～1999年5月	ノア	アリキ・ア・ムリ
1999年2月～1999年5月	シチア	アリキ・ア・ムリ
1999年5月～2002年8月	ファライレ	トゥイナヌメア
2002年10月～2003年1月	ライナ	アリキ・ア・ムア
2004年6月～2005年10月	イリアラ	トゥイナヌメア
2005年12月～2006年11月	ラウア	アリキ・ア・ムア
2006年11月～2007年8月	タウエー	パーヘイロア
2009年2月～	カロトゥ	タウアレプク

からといって自分の思いどおりにできるわけでもない。首長はファレカウプレ法において、島会議を招集する権利を持つと定められたが、島会議での話し合いは男性年長者による合意を基本とし、通常、首長はそこで発言することはできない。島会議では首長クラン会議の議長が議論をリードし、首長が何か発言したい時にはこの首長クラン会議の議長に代わりに発言してもらう必要がある。ただし、人々の意見が激しく対立している時のみ、首長は自ら発言することができ、一度発言すれば話し合いは終了し、首長の意見が島の意見とされる。しかし、首長の発言はあくまでも島の平和を保つためのものであるとされ、それを逸脱するようなことがあれば、年長者らより厳しい非難を浴びる。首長になると政治的な発言をすることを慎まなければならなくなるため、首長位から離れてようやく自分の意見がいえるようになったと語る者もいる。ナヌメアの首長制は首長よりも監督役トゥーマウが影響力を持つ点に特徴がある。トゥーマウは首長の選出を担い、その承認なしに首長になることができないだけでなく、問題がある時には首長を退位させることができる。この監督役の存在は前述の神話によって正当化される。

　首長の役割として重要になってくるのが、カタ（kata）と豊穣性である。カタとはポリネシアの他の社会におけるマナに相当する概念である。ナヌメアではカタがある人物が首長になると、「神（te Atua）」によって「祝福

第1章　過去と現在

（*manuia*）」され、島が豊穣になるといわれる。つまり、天候に恵まれ、ココ
ナツやパンノキ、タロイモなどがたくさん実を結び、マグロやカツオ、シャコ
貝などが大量にとれるようになる。反対に、首長にカタがないと、島が「呪わ
れ（*malaia*）」、干ばつや大雨などの天候不順を招き、作物が育たなくなり、
魚がとれなくなるという。カタが直接、豊穣性をもたらすのではなく、神の祝
福を招き、それによって豊穣性をもたらすというが、カタが具体的にどのよう
に神の祝福、あるいは呪いと関連するのかについては、明確な説明を聞くこと
ができなかった。

　首長のカタはある（*iai*）／なし（*heai*）、強い（*malosi*）／弱い（*vaivai*）と
表現される。カタが強いほど、神の祝福を招き、豊穣性が強く現れるとされる。
ナヌメアでカタがどのように継承されるのかというような一般的な質問をする
と、カタは後天的に獲得することはなく、テホラハから父系的に継承するとい
うような説明が返ってくる。しかし、具体的な個人名をあげてカタの有無を聞
いていくと、必ずしも父から息子へ継承されていると考えられているわけでは
なかった。また、兄弟といえどもカタがあるかどうかは異なり、長子が優先さ
れるなどの兄弟の誰にカタが継承されるかについての法則を聞くことはなかっ
た。強いカタを持つとされる人物の子どもにはそれが継承されるとみなされる
ことが多いものの、ある特定の人物にカタがあるのかについては意見が分かれ
ることもあった。

　気をつけなければならないのは、豊穣性が現れるか否かはカタのみならず首
長のふるまいによっても左右されるという点である。そのため、首長にカタが
あったとしてもふるまいが不適切であると、天候が不順になり、不作・不漁に
なるといわれる。首長としてのふるまいの指針となるのは姦通、飲酒、汚れた
服の着用、口論などの一連の禁止事項の順守とテホラハ神話に基づいた首長制
の実践である。前者に関しては男性年長者の間でほぼ意見が一致しており、問
題となるのは後者である。神話に基づいた「真実」の首長制を実践すれば、島
が祝福され、豊穣性が現れるというが、神話には多くのバリエーションがあり、
それに伴い何が「真実」の首長制なのかをめぐっても多様な意見が存在する。

　首長は島の豊穣性と関連しながら、政治的な争いの焦点にもなってきた。こ

47

こで私の調査時の経験を基に首長制の現状について簡単に説明しよう。第8章で検討するが、私が初めてナヌメアの土を踏んだ2005年10月は、ちょうどイリアラという首長の退位が集会所で決められた時であった。それ以来、私の長期調査が終わる2010年までにラウア、タウエー、カロトゥの3人が首長になっている。

　ラウアは2005年12月から2006年11月にかけての1年弱、即位している。彼は首長になった理由について尋ねる私の質問に対して、所属するアリキ・ア・ムアという首長クランの年長者から推薦されたのを断れなかったと答えていた。ラウアは長い間、ナウルやバナバ島などに出稼ぎに行き、ツバル独立後は首都フナフティの生協で働いていた。2000年に生協を退職すると、ナヌメアに戻り、伝統的な生業活動をして暮らしていた。当時50代後半の年長者であったが、長い間ナヌメアを離れていたため、島の伝統についてあまり詳しくなく、本人も島の伝統にとりたてて興味があるわけではなかった。集会所での島会議や饗宴で発言することも少なく、人前で発言するのはあまり好きではないと語っていた。むしろ、彼は気の合う仲間と家を建て、漁撈に励むことを好んでおり、人を動かすよりは自らが働くことを良しとしていた。私の目には、彼が首長をあまりやりたがっていないように映った。とはいえ、普段、首長は集会所で島会議や饗宴がある時に、参加して座っているだけでいいので、彼はその役割を無難にこなしており、人々の評判も悪くはなかった。

　2006年8月に、突如として首長クラン会議は翌日の朝に集会所に集まるよう人々に招集をかけた。その日、ラウアが漁撈を終えて家へと向かっている時に、漁網に足を取られて転倒してしまったという。首長の身体に何か不慮の事故があると島の豊穣さに影響が出るとされる。それを防ぐため、首長は生業活動などをなるべく控えるように望まれている[16]。しかし、ラウアはこうしたことに配慮することはなく、普段通り、漁撈に出かけ、豚の餌やりなどをしており、そのことを不満に思う者もいた。しかし、トゥーマウ・クランによって厳しく指導されたのか、その後の饗宴で演説し、ラウアは自らが転倒したことを本当

---

16)　首長としての尊厳を守るためというようにも説明される。

第1章　過去と現在

にすまなそうに詫びていた。

　しかし、10月になると、今度は彼が酔いつぶれて集会所で寝ている姿が目撃
されてしまう。この頃は、数ヶ月も日照りが続いており、また、不漁続きでナ
ヌメアの周りから魚がいなくなってしまったと人々が嘆いていた時であった。
そのため、人々はこうした首長のふるまいが原因で、島が呪われたとしきりに
噂していた。トゥーマウ・クランはラウアに対して首長としてのふるまいに気
をつけるように指導した。ラウアはこうした状況に耐えかね、ついに11月に、
日照りと不漁が続いていることを理由に、トゥーマウ・クランに対して自ら退
位する旨を伝えた。即座にラウアの退位が決まり、その後、島会議や饗宴では、
トゥーマウ・クランの者が代理として首長の席に座った。

　トゥーマウ・クランはすぐさま新たな首長選びを始めた。トゥーマウ・クラ
ンの会議が開かれ、どのような順番で首長クランに打診すべきかが確認された。
まず、アリキ・ア・ムアに対して、首長として適切な者を選んで推薦するよう
に要請する文書が手渡された。アリキ・ア・ムアは早速会議を開いて話し合っ
たが、該当する者がいないという結論に至り、その旨をトゥーマウ・クランに
文書で知らせてきた。トゥーマウはそこから首長が見つかるまで、アリキ・
ア・ムリ、トゥイナヌメア、パーヘイロアという順番に、首長クランに打診し
ていった。途中で、何人かの推薦があったが、トゥーマウ・クランの会議にお
いて、ある者は自分の家がなく、親族の家に間借りしていること、別の者は将
来、海外へ出かける予定があることなどを理由に、首長には不適格と判断され
た。パーヘイロアからタウエーが推薦された時も、トゥーマウ・クランで会議
が開かれ、彼の系譜関係、性格、家、妻などについて話し合われた。話し合い
の結果、問題ないと合意され、その後すぐに即位儀礼の日取りが島全体に周知
された。

　即位儀礼の当日の朝、トゥーマウ・クランの代表が、タウエーの家を訪れ、
首長としてのふるまい方について指導している。そこから、タウエーは、トゥ
ーマウ・クランの成員とともに、集会所へと向かった。タウエーが集会所に入
ると、トゥーマウ・クランの代表からカホア（kahoa）と呼ばれる貝殻でつく
られたネックレスが首にかけられた。人々はココナツでつくったカウポイと呼

49

ばれる食べ物を集会所でつくってともに食べ、首長の即位を祝福した。その後、集会所では伝統的な踊りであるファーテレが催された。翌日もまた饗宴が催された。この時は人々は常に備蓄しておくべきとされた食べ物（乾燥したココナッツ、干物など）を持ち寄り、お互いに持ち寄ったものを食べ合いながら不足や不備を揶揄する「首長の遊び（*tahaoga o aliki*）」が行われた。これには、きちんと保存食を備蓄しているのかを知ることで、首長が各世帯の状況を把握するという意味があるという。

　こうして、ラウアの退位から1ヶ月もたたないうちにパーヘイロア・クランのタウエーが新たな首長として即位することになった。タウエーが即位したのは、2006年11月から2007年8月までの1年弱であり、首長がタウエーになった直後から降雨に恵まれ、魚が戻ってきた。タウエーはラウアよりも一回り下の40代の男性で、同じく首都フナフティの生協で長く働いていたが、仕事先でのトラブルがあってナヌメアに帰還していた。彼もまた伝統に関しての知識はあまりないが、ラウアとは異なり、皆の前で演説するのを好んでいた。そのために、首長になって皆の注目を集めているのをまんざらでもないと思っていたように私にはみえた。

　しかし、この演説好きが争いを招いてしまう。タウエーは島会議や饗宴の場で毎回、演説をしていたが、それは格式ばった挨拶ではなく、多少、下品な話になりながら笑いを誘うことが多かった。この点に関して、年長者はあまり快く思っていなかったこともあり、ある男性がそれを批判すると、今度はその男性とタウエーが激しい非難の応酬を繰り広げることになってしまう。ある饗宴では感情的なやりとりの末にタウエーがその男性の退席を命じている。またある島会議では、トゥーマウ・クランの代表が仲裁に入り、首長への敬意が足りないとしてその男性を退席させる一方で、感情的になった首長を諫め、話し合いを中止させている。そんななか、タウエーがかつて働いていた生協で起こした事件の裁判が首都フナフティで開かれるという噂が流れる。これを受けて開かれた島会議では、首長に有罪判決が出てしまったらナヌメアの恥であると危惧する声が聞かれた。こうしたこともあり、2007年8月には、タウエーは自らトゥーマウ・クランに申し出て、退位している。

第1章　過去と現在

　その後、トゥーマウ・クランが新たな首長を探したが、2009年 2 月までの
1 年半もの間、首長がみつからなかった。それまで首長位が空位であった時に
はトゥーマウ・クランのエウタが代理でその役割を果たしていたが、この時に
彼は両足を失ってしまっており、代わりにマトゥロがその役割にあたった。し
かし、マトゥロの妻が、親族訪問でニュージーランドへ行ったまま、別の男性
と暮らし始めてしまった。それがナヌメアに伝わると、首長の代理を務める人
物として不適切であるという意見が出始める。

　マトゥロの代わりとなったのが、ソーセメアという年長者であった。しかし、
これに対して、今度はラウティーという年長者が反発する。彼は有力な年長者
で、トゥーマウ・クランの成員であったが、ソーセメアと不和であったため、
近年では同クランの活動には参加していなかった。そもそも彼は伝統への興味
関心が強く、人類学者キースが島を訪れた時には、調査に参加して自らノート
をとっている。彼はまた、長らくカウンシル議員を務めてきたこともあり、各
種の行政資料のコピーを保持していた。ソーセメアに対する反対を訴えるため
に彼は、中央政府からカウンシルにあてた文書を用いている。それは、第 4 章
で扱う首長ライナをめぐる争いの後に作成されたものであり、争いに加担した
ものとしてソーセメアの責任を指摘し、彼が要職に就くことを批判するもので
あった。この文書を基に、ラウティーは集会所での島会議にて、ソーセメアが
代理の座を降りるよう迫り、一方でトゥーマウ・クランの話し合いに参加して
自らを首長の代理として認めさせることに成功した。こうして、2009年 1 月末
には首長の代理がソーセメアからラウティーに代わる。

　一方、ソーセメアらは、首長位についての関心を示していたが二の足を踏ん
でいたカロトゥに積極的に働きかけることで、彼を首長として即位させること
に成功する。説得が功を奏した背景にはフナフティ在住のナヌメア人から日照
りと不漁が続いている状況を改善するために早急に新たな首長を即位させるべ
きだという趣旨の手紙が届き、首長選出の機運が高まっていたこともある。カ
ロトゥが即位したため、ラウティーが代理を務めていたのは 1 ヶ月程度で終わ
るとともに、トゥーマウ・クラン内で繰り広げられた首長の代理の座をめぐる
いざこざも収束する。

51

カロトゥはナウルで長い間、小売店を営んでいたが、2000年頃にツバルに戻ってきた。ツバルでも家の片隅に小さな店を構え、タバコや缶詰、洗剤などを販売していた。しかし、彼の店は生協が閉まった時に人々が急な買い物に来るぐらいなので、ずっと店にかかりきりというわけではなく、日々の暮らしの合間にカロトゥやその家族が少しやっている程度であった。普段はタロイモの世話をしたり、ココヤシ畑の手入れをしたり、漁をしたりしながら、家族を養っていた。私がナヌメアに滞在していた時、カロトゥはまだ40代半ばと、年長者とも若者ともいえないような年齢だった。ココナツ集めやタロピットの手入れ、貨客船が来た時の積み荷の上げ下ろしなどの島全体の作業に積極的に協力し、島のためによく働く男の一人であった。饗宴にも必ず顔を出し、教会の活動にも欠かさず参加していた。まだ島会議で発言することはなかったが、双分組織の会計を務めることで実績を積んだり、カウンシル議員に立候補したりしながら（同じ双分組織の候補者が互いの票を奪い合った結果、落選してしまった）、政治的なリーダーシップを窺っていたようだ。

　カロトゥは伝統に詳しい者とはみなされていなかったが、関心は高かった。首長制について調べていた私に、何か調べてわかったことがあるかと聞いてきたので、彼に歴代首長について私がまとめた文書を渡したこともある。カロトゥと私は仲が良く、以前は何気なしに家に遊びに行っていたが、首長になった後、必ず伺いを立ててから家に入るように言われた。また、首長になってからは、彼は家の中でも自分専用の一段高いマットに座り始めた。以前はよく彼と漁に行ったが、それも控えることにしたという。

　私の調査時における3人の首長はいずれも、トゥーマウ・クランによって選出・監督されていた。そして、彼らはいずれも、伝統に関する知識に乏しく、自らのやり方を押し通すことはほとんどなく、トゥーマウ・クランの言うやり方にしたがっているという印象を受けた。また、彼らは首長制についてはあまりよくわからないので、何かあればトゥーマウ・クランの代表と相談していると話していた。

第1章　過去と現在

写真1-7　饗宴に参加する首長カロトゥ

写真1-8　即位儀礼を準備する人々

写真1-9　演説する年長者

写真1-10　ファーテレの歌い手

第1章 過去と現在

写真1-11 ファーテレの踊り子

写真1-12 若いココナツを取りに登る

写真1-13 タロピット

写真1-14 収穫したタロイモ

第 1 章　過去と現在

写真 1 – 15　漁に出る

写真 1 – 16　魚を炙るためにココヤシの葉でつくったたいまつ

写真1-17　大漁

写真1-18　シャコガイ

第2章

移動と島を越えた広がり

　ナヌメアの人々はなにもナヌメア環礁のみに生きてきたわけではない。彼らは常に島外へと移住し続けてきており、その結果、ナヌメアの人々の生きる世界はホームランドの島を越えた広がりとつながりをみせている。具体的に本章では、ナヌメア人による移動の歴史と現在、および首都フナフティ在住のナヌメア人とホームランドであるナヌメア在住のナヌメア人との関係性を検討し、ナヌメアという物理的な島空間を越えてディアスポラ的に広がるナヌメア人の生活世界を明らかにしていく。

一　移住の歴史

　西洋との接触以前においても、ツバルを構成する8つの島の間には、北と南とに分かれた緩やかなネットワークが形成されており、人やモノの往来があったと考えられている［Chambers 1975］。また、イギリスによる植民地支配が始まって間もない19世紀末に、植民地行政官が島嶼間での人の移動の多さについて驚きとともに報告しており［Bedford and Munro 1980］、少なくともこの時にはツバルの人々は頻繁に島嶼内を往来していたことが確認できる。

59

賃金労働を目的とする近代的な人の移動は、20世紀初頭から始まる。1900年に同じイギリスの保護領内に位置するバナバ島（オーシャン島）でリン鉱石が発見されると、採掘にかかわる労働力として早くも翌年の1901年からツバルの人々はバナバ島に移り住んでいる。当初、移住者の大半は成年男子であり、2年間ほど働いた後、帰還するといったものであった。バナバ島にいるツバル人人口は、1907年に190人、1912年に50人、1917年に12人、1926年に160人、1931年には52人など、年によって変動するものの、一定数のツバル人が移住し続けてきた［Shlomowitz and Munro 1992：108］。また、1921年以降は同じくリン鉱石が取れるナウル島への出稼ぎ移民も始まる［Munro 1990a：36］。

　第二次世界大戦後になると、ツバルからの移住者数が一挙に増大する。これまでの出稼ぎ先であるバナバ島とナウル島で働く者が大幅に増加する一方で、戦後に植民地行政府が置かれたタラワ環礁にも多くの者が移り住んでいき、やがて人々はそうした場所に定住し始めた。その結果、1973年にはツバルの人口5,887人に対し、バナバ島には632人、ナウル島には619人、タラワ環礁には1,064人が居住するなど、多くのツバル人が故郷の島を離れて暮らしていた［Bedford and Munro 1980：11-12；Macrae 1980：15］。

　しかし、1970年代にこうした場所への移住は終わりを告げる。1975年にギルバート諸島とエリス諸島が分離し、1979年にバナバ島のリン鉱石が枯渇すると、タラワ環礁とバナバ島にいたツバル人が大量に帰還することになる。帰還者数は1974年から1979年にかけて1,200人ほどと推計されており、その多くが新たに首都と定められたフナフティ環礁に移ることになる［Wit 1980：59］[1]。この他にも離島からの流入も加わり、1970年代に首都フナフティの人口は一気に増加する。1973年の時点では、フナフティの人口は907人で、ツバルのなかでもナヌメア、バイツプに次ぐ第3の人口の島であった。しかし、大量の帰還者と離島からの人口流入により、ツバル独立後の1979年には一気に2,062人にまで膨れあがった。この結果、フナフティには多くの離島出身者が暮らすようになり、1973年にはフナフティの人口のうち離島出身者は3割弱に過ぎなかったが

---

　1)　なお、ナウル島のリン鉱石も2000年にはほぼ枯渇し、2006年に政府が派遣した貨客船によってツバル人出稼ぎ移民377人が帰国している［Kobayashi 2013］。

第2章　移動と島を越えた広がり

図2-1　フナフティ環礁フォンガファレ州島［google 2017］

［Groenewegen and Bailey 1975］、1979年には離島出身者が全体の6割以上を占めるまでに増加した［Tuvalu, Government of 1980］。

　1970年代半ばから1980年代にかけて、新たに首都と定められたフナフティではインフラの整備が急ピッチで進められるとともに、政府関係の職に就く離島出身者のために、多くの公務員宿舎が建てられた。また、ツバル・キリスト教会も1970年代末に急増した離島出身者のために新たに2つの教会を組織している。この他にも、離島出身者たちは自分たちの集会所を建設し、首都において出身島ごとのコミュニティを形成していった[2]　他方で、土地を持たず、賃金労働に従事する離島出身者が大量に居住し始めたことでフナフティの食料自給率は著しく低下し、多くの人々が輸入食品なしには生活できない状況になった。

　フナフティへの人口集中は現在も進行しており、1991年には3,839人、2002年には4,492人、2012年には6,194人でツバル全体の人口の57％を占めるまでになった。また、2012年現在、首都フナフティの人口に占める離島出身者の割合は79％まで上昇している［Tuvalu, Government of 2015］。ツバル全体の人口

　　2)　ナヌメアの集会所は比較的早く1978年に、他の離島コミュニティも1980年代に建設されている。

61

も増加傾向にあり、1973年に5,887人、1979年には7,349人、1991年に9,043人、2002年に9,561人を記録しているが、ヌクラエラエ環礁を除くすべての離島で1960年代から2000年代にかけて増加から減少へと転じている。例えば、ナヌメアでは1968年の1,076人をピークに減少に転じ、2002年には664人になっている〔Secretariat of the Pacific Community 2004, 2005〕。私が行った世帯調査では2009年10月末の時点で590人であり、首都への人口流出が続いていることが確認できる。

　他方で、1978年の独立以降は、新たに空路や航路でつながれたフィジーや、英語圏であるニュージーランド、オーストラリアへの移住が一般的になった。統計資料がないためにたしかなことはいえないが、例えば、2009年10月にフィジーの首都スヴァにて行われたツバル独立記念日の饗宴では、300人以上のツバル人が集まっていた。ニュージーランドへの移住者は近年、急激に増加しており、同国に住むツバル人は1991年には432人、1996年には879人、2001年には1,968人、2006年には2,625人を数えている〔Statistics New Zealand 2002, 2007〕。

　ニュージーランドは1986年から常時80人のツバル人出稼ぎ労働者を受け入れ始めた。この出稼ぎ労働は帰国を前提としたものであり、最大で３年間の滞在しか認められていなかったが、ニュージーランドの市民権を持つ者との婚姻、あるいは不法滞在などによってそのまま住み続ける者も多かった〔Simati and Gibson 1998：2〕。2002年になると、移民割当制度によって毎年75人のツバル人の移住が認められるようになる。海外の移住先では、島ごとの集まりのほかにも、教会を中心にツバル人の移民コミュニティが形成されてきた。例えば、オークランドにはツバル・キリスト教会の教会が２つ設立されており、毎週日曜日の礼拝や教会組織での会合あるいは饗宴などを通して、ツバル人移民同士が交流する機会を提供している。

　離島から首都フナフティ、あるいは国外への出稼ぎ移民の増加の背景には離島での貨幣経済化がある。貨幣経済の浸透は比較的最近であり、少なくとも1980年代以前には離島の生業経済を衰退させるまでには至っていなかった〔Chambers 1983〕。また、現在でも、ココナツ、タロイモ、パンノキなどの栽培、漁撈、豚の飼養などといった伝統的な生業活動は依然として日々の糧を得

62

第 2 章　移動と島を越えた広がり

写真2-1　ナヌメアの生協の店舗

る上で重要である。しかし、米、小麦粉、砂糖、缶詰、冷凍チキンなどの輸入食品が人々の生活に欠かせないものとなっていることもたしかである。生活協同組合（*fusi*）の店舗には食料品、日用品、衣料品が並び、人々はそうした物品に頼る生活へとシフトしている。私の印象では、離島での日々の食事の半分は島で取れたもので、残りの半分は輸入食品となっており、首都ではほぼすべてが輸入食品になっている。また、私の調査では、ナヌメア唯一の店舗である生協で、2007年4月から2008年3月までの1年間に1世帯あたり約5,400オーストラリアドル[3]もの物品を購入しており、そのうちの半分を超える約3,000ドルを食料品に費やしていた［Nanumea Fusi n.d. より筆者概算］。さらに食料品や日用品以外にも、電気代、子どもの学校教育、教会への寄付など、離島においても多くの現金を必要としている。

しかし、離島では、雇用先は島政府と生協に限られるなど賃金労働をする機

---

3) 2007年10月1日現在、オーストラリアドルは102円であった。ただし、これは過去10年のなかでかなり高い数値である。私が調査を行った2005年末から2010年初頭にかけて、60円から100円の間を乱高下しているが、その期間における平均は大ざっぱにいえば80円である。

会は限られており、若者をはじめとする多くの人々が職を求めて首都フナフ
ティ、さらには海外へと赴かざるをえない。この他にも、成人男子に限られる
が、外国船乗組員として従事する者も多い[4]。離島の人々の生活を支えている
のがこうした移住者からの送金である。ツバルの離島平均では全世帯のうちの
32% がツバル国内、45.8% が国外、21.3% が両者からの送金を受けている［Sec-
retariat of the Pacific Community 2005：57]。

二　移動する人々

　2012年現在、ナヌメアの人口は556人であるのに対して、首都フナフティに
住むナヌメア人は1,038人とホームランドの人口の 2 倍弱になっている
［Tuvala, Government of 2015]。統計的な資料はないがフィジーやニュージー
ランドなどの国外にも計数百人程度ナヌメア人が居住していると考えられる。
彼らは単に故郷の島を離れたのでなく、移住先とホームランドの間を移動しな
がら暮らしてきた。国外を行き来することも多いが、やはり国内の往来の方が
頻繁であり、ここでは国内の移動を中心に説明していく。
　図2 - 2 はツバル国内での 1 年間の人の移動の概略を表したものである。
移動者数は、ツバル政府コミュニケーション・交通省海運局（The Office of
Marine, Ministry of Communication and Transport）で得られた国営の貨客船
の乗降者数に関する資料のなかで比較的データがそろっていた2004年から2006
年を平均した概数である[5]。調査当時、ツバル国内の島嶼間の移動手段は 2 隻
ある国営の貨客船にほぼ限られていたため、ここから国内の人の移動の概略を
みることができる。例外もあるが、主に貨客船は首都フナフティ環礁と、北部
（ナヌメア環礁、ナヌマンガ島、ニウタオ島）、中部（ヌイ環礁、ヌクフェタウ

---

4)　2000年以降、常時400から500人ほどのツバル人が船上で働いている［ADB 2007：
14；Boland and Dollery 2005]。そのうちの何人くらいがナヌメア人であるのかについて
の資料はないが、単純に 8 つの島で割ると50人から60人ほどになる。
5)　図の移動者数ならびに人口は、100の位以下四捨五入。なお、乗客のなかにはツバル
人以外の者も含まれるが、非常に少数である。

64

第 2 章　移動と島を越えた広がり

写真 2-2　貨客船ニーヴァンガⅡ号

写真 2-3　船上

環礁、バイツプ島)、南部 (ヌクラエラエ環礁、ニウラキタ島) をつなぐ航路になっている。フナフティと、北部、中部、南部との間のデータはあったが、島ごとの個別のデータはなかった[6]。参考のため、2002年現在の人口の概数を

写真2-4　移動する人々

付してある。

　図をみると、少なからぬ数の人が国内の島々を移動していることがわかる。1年間ののべ移動者数は約1万人であり、ツバルの全人口が約1万人であることを考えるならば、年間1人あたり1度、島嶼間を移動している計算になる。移動者数を離島人口比でみると、南部と寄宿舎制のセカンダリースクールがあるバイツプ島を含む中部との移動者数は比較的多い。例えば、中部の人口の合計が約2,700人で、移動者数は首都から中部へは約3,000人、中部から首都へも約3,000人となっている。首都から遠い北部との移動者数は比較的少なく、北部の人口の合計が約1,900人で、移動者数は首都から北部へは約1,500人、北部から首都へも約1,500人となっている。とはいえ、いずれの島においても多くの人々が首都と離島を行き来していることがわかる。もちろん、すべての人が一律に島嶼間を移動しているというわけではない。ナヌメアのある60代の女性はここ20年くらい他の島に行っていないという。しかし、島嶼間の移動が多くの人にとって日常であることもたしかである。離島では船が着くたびに多くの

---

6)　なお、人の移動は首都・離島間が主であり、離島・離島間で移動する者は少ない。

第 2 章　移動と島を越えた広がり

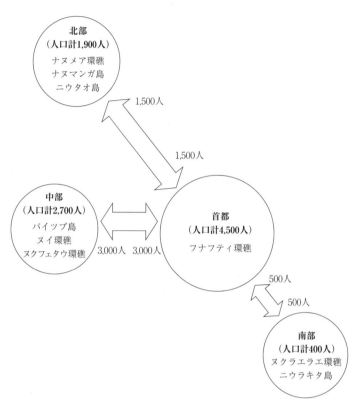

図2-2　ツバル国内の人の移動（数字は概数）

人々が乗降し、また、誰が来て、これから誰が行くのかが話題にのぼる。年に何度も首都と離島を行き来する者も珍しくなく、移動があまりにも日常的なため、年に何回、首都と離島の間を行き来したのかを覚えていない者もいる。ツバルが独立した1978年以降、貨客船は1隻しかなかったが、2000年に日本の援助によって計2隻になり、首都・離島間の移動の頻度が高くなったと考えられる。

なお、政府統計局の資料によれば、同時期の2004年から2006年の平均で年間約2,000人のツバル人が国内外へ移動している［Central Statistics Division 2008］。ツバルと海外を行き来するためには次の2つの手段がある。一つは空路で、フナフティとフィジーのナウソリの間を週2便、プロペラ機が往来する。

67

もう一つは航路で、国内の島嶼間を結ぶ先述の貨客船が年に数回、メンテナンスもかねてフィジーのスヴァ港との間を往来する。

　人々が頻繁に移動するということは、その社会の成員が頻繁に入れ替わるということでもある。私は予備調査を含めて計4回、ナヌメアで世帯調査を行っており、その都度、誰が島に居住していたのかを記録してきた。その記録のなかから2008年10月とちょうど1年後の2009年10月の調査結果を比較して、1年の間にどれくらい成員が変化したのかをみてみよう。世帯調査の結果、人口の総数は、2008年は591人で、2009年は590人であり、ほとんど変化がなかった。しかし、具体的に誰がどこにいるのかを調べると、1年間ナヌメアに居住していた者は、414人であった。他方で2008年に島にいたが、2009年には不在だった者が177人いた。そのうちの9人はこの1年の間に亡くなっており、残りの168人は島外へ移出していた。また、2008年には不在であったが、2009年には島にいた者は176人であった。そのうち、新たに出生したのは4人であり、残りの172人は島外から移入していた。つまり、1年の間にナヌメアの人口の約30%、3.3人に1人が入れ替わっているのである。

表2-1　人口変化の内訳

変化なし	減少		増加	
	移出	死亡	移入	出生
414人	168人	9人	172人	4人

　この期間の世帯の変化をみてみると、2008年、2009年ともに120と、世帯数の合計に変化はみられなかった。ただし、その内訳を見ると1年の間に首都フナフティへ15世帯が移出し、同じくフナフティから15世帯が移入しており、全120世帯中15世帯、12.5%が入れ替わっていることがわかる。ナヌメアの人口の30%が入れ替わっていることに比べれば、世帯は比較的安定しているといえる。人々はもっぱら親族的なつながりのある世帯間を移動しているため、世帯全体の移動はそんなに頻繁に起きないというのがその背景にある。反対に言えば、世帯が比較的安定して存在していることが、ナヌメア人の頻繁な移動を支えているとも考えることができる。

第2章 移動と島を越えた広がり

表2-2 世帯変化の内訳

変化なし	移入	移出
105世帯	15世帯	15世帯

　図2-3にまとめた移出入先をみると、ナヌメアと他の離島との行き来は少なく、最大のバイツプでも17人の移出になっている。この17人のほとんどが、セカンダリースクールの生徒である。バイツプからの帰郷者がいなかったのは、そのまま島に留まっているか、もしくは、バイツプから首都フナフティへと移動したためだと考えられる。他の離島に関しては、ニウタオに11人移出している以外には、移出入ともに数人程度である。移動の理由としては、婚姻による移住、親族訪問としての短期的な滞在、政府系の職に就く者の家族を伴う転勤などであった。

　海外へはフィジー、ニュージーランド、オーストラリア、ナウル、キリバスなど、ツバル人がこれまで移住してきた場所との間で移出入があることがわかる。なかでも、フィジーとの行き来が多く、移出が8人、移入が14人になっている。その理由として、病気の療養や、南太平洋大学（University of the South Pacific）への留学などで家族を伴って移住することが多いという点があげられる。また、他の国へ行く際には必ずフィジーを経由すること、国営の貨客船に乗れば安価な料金で行き来できることも理由としてあげられる。ニュージーランドやオーストラリアには多くのナヌメア人が居住しているが、往来には多くのお金がかかることから、ニュージーランドとは移出が5人、移入が1人、オーストラリアとは移出が1人と、人々の移動はあまり頻繁でない。

　また、現在ではナウルのリン鉱石が枯渇していることから、新たに出稼ぎに行く者はおらず、ナウルとの間ではナウル人とのハーフが若干名、行き来している程度である。キリバスも同様に、ツバルとの分離以後、新たにタラワに出稼ぎに行く者はおらず、キリバス人とのハーフが3人、ナヌメアに帰郷しているだけである。また、こうした場所以外の出稼ぎ先として外国船があり、ナヌメアから2008年から2009年にかけて6人が新たに赴任し、8人が帰郷してい

69

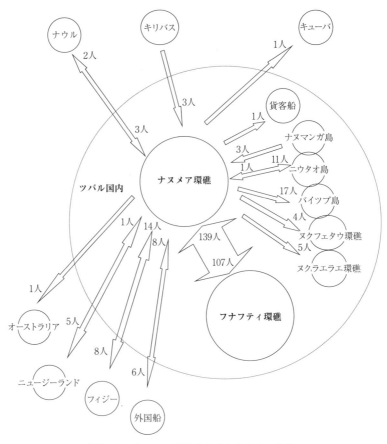

図2-3　ナヌメア環礁を中心とする人の移動

る。ほかにも、キューバ政府による医師養成プログラムによって、ナヌメアからも1人キューバに留学している。

　人々の移動の大半が首都フナフティとの間であった。ナヌメアからの移出では全体の6割である107人、ナヌメアへの移入では全体の8割に相当する139人であり、ナヌメア人にとって最も頻繁な移動はホームランドと首都との間であることが確認できる。ナヌメアと首都の間での移動はかなり頻繁であり、ナヌメアに住んでいると言う者が首都にいたり、首都に住んでいると言う者がナヌ

第2章　移動と島を越えた広がり

メアにいたりすることも特段珍しいことではない。フナフティは、さまざまな
政府施設、商業施設、学校、病院などが整備され、海外へ行くための空港や港
があるなど交通の要所であることから、ナヌメアをはじめとする離島に暮らす
者がフナフティに赴くことは日常的な光景である。移動の理由には、賃金労働、
医療、教育、家族の介護、親族訪問などさまざまなものがある。例えば、10代
半ばから20代前半にかけては、私立の高校、南太平洋大学ツバル校への進学の
ためにフナフティに移る者も多い。成人男性はインフラの整備などで雇用があ
る時には、賃金労働者としてフナフティに赴く。また、外国船の乗組員として
働く者もフナフティに一時的に滞在し、そこから海外へと向かう。女性は出産
に際し、国唯一の病院がある首都へ赴くことが一般的であり[7]、高齢者などは
医療目的で首都に滞在する者も多い。他にも、家族の介護、子どもの世話、生
業活動、家の建築などを手伝うためというさまざまな理由で、フナフティにい
る親族のところへ赴く。世代、性別ごとに移動する理由がそれぞれあり、どの
世代、性別の者も頻繁に首都と離島を移動していた。

　こうした頻繁な移動を背景に、ナヌメア環礁を越えるナヌメア人の広がりと
つながりがかたちづくられている。とりわけ、この広がりとつながりはホーム
ランドで祭りが開かれる時に顕在化する。例えば、大いなる日（*Po Lahi*）と
呼ばれる年末から年始にわたって数週間にわたって行われる島最大の祭りがあ
る。これは、ナヌメアの人々が最も大切にし、1年を通して待ち焦がれている
行事であり、首都フナフティやその他の場所に住む多くのナヌメア人がナヌメ
アに集まってくる。私の調査では2009年10月末には590人であったが、多くの
ナヌメア人が帰郷したことにより、12月末の時点でナヌメアの人口は776人に
まで増えている。期間中は、ほぼ毎日、集会所で饗宴が催され、人々は集会所
に集まり、食事をともにし、伝統的な踊りファーテレや賛美歌などが催される。
若者は伝統的なスポーツであるアノに興じる。ただ単に多くの人々が帰郷する
だけでなく、ナヌメア在住のナヌメア人と首都在住のナヌメア人が、饗宴、踊
り、スポーツなどでともに過ごす機会にもなっている。

7）　離島には診療所はあるが、看護師のみで医師はいない。

また、近年では他にも、2012年に行われたツバル・キリスト教会の総会（fono lasi）がある。同教会は2年に1度、ツバルの島々の一つで総会を開催する。総会には各島の教会の牧師、執事長、女性代表、ユース代表などをはじめとする多くの人々が集まり、2年間の活動の報告と今後の方針について話し合われる。とはいえ、総会は、単なる話し合いではない。総会に合わせて、饗宴、劇、スポーツ交流などが催され、島はお祭り騒ぎになる。こうしたこともあり、ナヌメア以外に住むナヌメア人、とりわけ、フィジー、ニュージーランドなどの海外に住むナヌメア人の多くが帰郷する機会になる。総会の準備のため、ナヌメアの島会議で「すべてのナヌメア人」が寄付金を払うよう決められたが、この「すべてのナヌメア人」は、ナヌメア在住のナヌメア人は言うまでもなく、首都フナフティ在住のナヌメア人、そして、フィジーやニュージーランド在住のナヌメア人も含み、実際に海外から多くの寄付金が集まっていた。また、総会に合わせて、島外に住むナヌメア人の多くがホームランドに帰郷した。

三　首都在住者

　もっとも、人々が頻繁に行き来しているからといって、首都のナヌメア人とナヌメアのナヌメア人との間にまったく差異がないというわけではない。頻繁な往来にもかかわらず、人々は首都在住のナヌメア人とナヌメア在住のナヌメア人を明確に区別している。

　首都在住者の方が、ナヌメア在住者よりも比較的、教育レベルが高く、収入もまた多い。とりわけ特徴的なのが、政府官僚やその他の政府関係の仕事に就く者の多さである。ただし、首都在住者の方が経済的に恵まれているかというと必ずしもそうではない。たしかに、彼らの方が賃金労働に就く者が多いが、経済的なゆとりがない者も少なくない。ナヌメアでは伝統的な生業活動によって食料を獲得することが可能であるのに対して、土地を持たない首都での暮らしは日常の食料をすべて商店での購入に頼らざるをえないため、生活費が高くついてしまう。また、多少の経済的な余裕がある者も、ホームランドの親族へ

の送金、そして各種寄付金などが大きな負担となっている。

　首都在住のナヌメア人は日常的に他島出身者や西洋人などの自分の島以外の人と接する機会が多い。こうした状況にもかかわらず、あるいはこうした状況だからこそ、首都在住の年長者らの間では伝統への関心が高く、ナヌメア在住の年長者と比べても同じくらい神話と首長制などが話題にのぼる。また、神話と首長制についての造詣が深い者も多く、ナヌメア在住のナヌメア人年長者のなかには、首都在住のナヌメア人の方が伝統を知っていると言う者もいる。

　首都在住のナヌメア人のコミュニティは、ナヌメアの「ナヌ」とフナフティの「フティ」を合わせた「ナヌフティ（Nanufuti）」と呼ばれている。ナヌフティの活動の中心は首都在住のナヌメア人のための集会所である。ナヌメアの集会所と同様、首都の集会所も饗宴が催され、人々の憩いの場であるとともに、月に1度行われる首都在住者の島会議が開かれる場所でもある。首都在住者による島会議では、ナヌメアでの活動に関する議題も多く、彼らの関心は首都での生活の向上と同じくらい、ホームランドでの活動に向かっている。他方で、首都在住のナヌメア人はフナフティに長年住んでいる者も多いが、依然として首都での生活を仮住まいととらえている。そのため、彼らはフナフティはフナフティ人のものであるとし、フナフティ全体に関係する事がらに積極的に関与しようと思う者はいない。

　首都在住のナヌメア人は、ナヌメアで何が起き、どのような状態にあるのかについて大きな関心を寄せている。そして、彼らはしばしば、ナヌメアの状況について否定的な見解を表明する。首都在住者によれば、今のナヌメアの年長者は島の幸福のために行動する者がおらず、自分たちの都合しか考えていない。年長者は伝統を知らず、島が一致団結して行動することができていない。人々は「無知（pouliuli）」だから島が「発展（atiakega）」しないというのである。このように、彼らは時に辛辣にナヌメアの人々を批判するが、かといって必ずしも彼らはナヌメアにおいて問題提起をし、解決策を提示するといった行動をとっているわけではない。

　というのも、同じナヌメア人であるが、彼らはナヌメアではなく、首都在住のナヌメア人コミュニティであるナヌフティに属しているととらえられている

からである。ある人物がどのコミュニティに属しているかは、どのコミュニティの会合に参加し、コミュニティが定める寄付金を払い、饗宴のために割り当てられた食べ物を供出しているのかによって判断される。その際、その人物がどこに住んでいるのかも重要であるが、必ずしもそれによって彼の帰属するコミュニティが自動的に決定されるわけではない。例えば、1年のうちの多くをフナフティで過ごし、ナヌメアにはたまに帰還する程度であっても、ナヌメアに居住する家族が彼の分の寄付金を支払い、協働作業の人員を供出していたのならば、彼はホームランドのコミュニティの成員であるとみなされる。

　首都在住ナヌメア人のコミュニティに属している者はホームランドの島会議にて出席し、発言することはできるが、自らが首都在住のナヌメア人であることをわきまえた上で発言しないと、ナヌメアのナヌメア人の反発を買ってしまう。そのために、彼らはこうした機会では政治的な発言をすることを控えるか、あるいは、具体的な意見を述べるというよりも懸念を表明するに留めていることが多い。また、私のインタビューに対しても、さまざまに批判しながらも、最終的にはナヌメアのことはそこに住むナヌメア人が決めるべきであると付け加えるのを忘れない。そして、自分たちは意見を求められた時だけ、自分の意見をいうことにしているという。

　とはいえ、彼らがホームランドの政治にまったく影響を与えていないというわけではない。通常彼らがナヌメアに直接影響を行使する機会はほとんどないが、ナヌメアで争いが起きた時などは、平和を守るためという名目で積極的に関与することが可能である。1980年代から現在に至るまで、ナヌメアでは何度か神話と首長制をめぐって島を二分する争いが起きており、それを契機に首都在住のナヌメア人が積極的にナヌメアの神話と首長制をめぐって介入してきた。

　また、首都在住のナヌメア人年長者は、こうした「非常時」以外においても時に積極的にナヌメアのナヌメア人に対してさまざまな提言をしてきた。前述したが、例えば、2007年8月にタウエーという首長が退位した後、1年以上新たな首長をみつけることができずにいた。この間、ナヌメアでは日照りと不漁が続いており、人々の生活に支障をきたすようになっていた。こうした状況を聞き及んだ首都在住のナヌメア人らは、首長の不在はナヌメアのためにならな

第2章　移動と島を越えた広がり

いとし、2008年11月にナヌメアの集会所あてに、早急に首長を選出するように
提案する手紙を送っている。この手紙を受けて開かれたナヌメアの島会議では、
1日も早く新たな首長を選ぶべきだと合意され、首長選出の機運が高まった。
首長の選出を担うトゥーマウ・クランは、それまでは首長になることに慎重な
意見を述べていたカロトゥという男性年長者への説得に本腰を入れた結果、
2009年2月にカロトゥの即位が実現した。

　現在のナヌメアで生起する事がらは、何もホームランドで完結しているわけ
ではない。それは、ナヌメアという物理的な島空間を越えてディアスポラ的に
広がるナヌメア人のつながりのなかで生起しているといえる。そうであるなら
ば、ナヌメアの神話や首長制をめぐる探求も、こうした広がりとつながりのな
かに位置づけて検討する必要があるだろう。さらにいえば、ナヌメアの神話や
首長制をめぐる探求は、ディアスポラ的に広がるナヌメア人のみならず、外部
の西洋人研究者との関わりのなかで生起してきた。前者に関しては具体的に三
部で扱う。次の二部ではまずは後者の西洋人研究者によるツバルの社会や文化
をめぐる探求を検討したい。

75

第二部

記録する──研究者の視点

扉写真：夕景

第3章

研究されるツバル

　人口1万人程度の極小国家であるツバルにおいても、その社会や文化に関して数多くの研究がなされてきた。そうした研究の中心となるのは1960年代にはじまる人類学者による研究であるが、他にも民族学者、歴史学者、地理学者、博物学者らなどの研究もある。さらに、ツバルの社会や文化を知ろうとしてきたのは専門的な研究者に限らない。19世紀以降、ツバルを訪れたキリスト教の宣教師、植民地行政官などの多様な背景を持つ西洋人がそれぞれの関心に基づきながらツバルの社会や文化について報告してきたほか、近年では、ツバル人自身が自らの社会や文化について記述、分析している。本章では人類学的研究を中心にこれまでツバルがどのように記述されてきたのかを概観しよう。

一　伝統の記録からサルベージ民族誌へ

　もともと文字がないツバルでは、その社会や文化に関する記述は西洋人によって始められる。16世紀以降、西洋人によってツバルの島々が「発見」されるが、その後、長い間、彼らが島々に上陸することはほとんどなかったため、まとまった記述があるのは19世半ば以降である。以来、現在に至るまで多くの

西洋人がツバルの社会や文化について関心を示し、それを記録として残してきた。

　最初期のものとして、キリスト教の宣教師［例えば、Murray 1876；Whitmee 1871；1879；Powell 1878］や、アメリカやイギリスの学術調査団[1]に同行した博物学者ら［Tyler 1968；Hedley 1896, 1899；David 1989］による、物質文化、生業、慣習などについての報告がある。また、希少な例ではあるが、1853年には捕鯨船の船長であったヘンリー・ピースがナヌメアに3日間滞在し、島社会についての貴重な記録を残している［Pease 1962］。

　1892年にツバルがイギリスの保護領になり、1916年に植民地となると、社会や文化に関心を持つ植民地行政官が多くの記録を残し始めた[2]。なかでも、バイツプ島のセカンダリースクールの校長を務めたドナルド・ケネディはツバル語を習得し［Kennedy 1945］、人々から聞き取り調査をすることで、土地制度をはじめとする伝統的な慣習や［Kennedy 1953］、釣針などの漁具やカヌー、家屋などの物質文化について詳細に記録している［Kennedy 1931］。ケネディにとって、伝統的な慣習は植民地支配に必要な資料を提供するものであり、物質文化は最もツバルらしさを表すものであった。

　1960年代以降になると、専門的な研究者による現地調査がなされるようになる。なかでもドイツ人民族学者ゲルド・コッホによるニウタオでの調査はツバルにおける物質文化研究の金字塔となっている［Koch 1981］。コッホは他にも、漁撈［Koch 1984］、伝統的な歌や踊り［Koch 2000］についても執筆しているほか、カヌーの建造、家屋の建築、歌や踊りなどに関する大量の映像記録を残している［Goldsmith 2010］。彼がツバルのなかでもニウタオを選んだのには、ある駐在弁務官からそこに住む人々が保守的であるから伝統についての調査に持ってこいの場所だと推薦されたからであるという［Koch 2000］。

　1）　1841年にアメリカ合衆国探検隊（ウィルクス遠征隊）が、フナフティ、ヌクフェタウ、バイツプに滞在している。1896年、1897年、1911年にはロンドン王立協会の調査団が環礁の形成メカニズムを調べるためにフナフティにてボウリング調査を行っている。
　2）　植民地行政官による記録としては、例えば、食生活［Turobot 1949］、漁撈［Turbott 1950］、神話［Roberts 1957］などがある。

第 3 章　研究されるツバル

　このように、西洋との接触からツバルの伝統の記録化が続けられてきており、物質文化、生業、慣習などがその対象とされてきた[3]。伝統の記録化は1970年代から1980年代にナヌメアで調査を行なった人類学者キース・チェンバースにまで引き継がれていく。次章で詳細に検討するが、キースの調査では、単に伝統を記録するだけでなく、失われつつある伝統を再構成して、それを書き残すというサルベージ民族誌が重要な意味を持っていた［Chambers 1984］。

二　植民地行政官の問題関心から人類学的研究へ

　植民地行政官は、物質文化、生業、慣習などを記録する一方で、統治上の問題として島の人口過剰についても強い関心を持っていた。人口過剰が問題視されるに至った背景には、植民地支配下に行われたセンサスの蓄積がある。イギリスによる保護領化の 3 年後の1895年に初のセンサスが行われ、その後もツバル独立まで1901年、1911年、1921年、1932年、1947年、1964年、1970年、1975年と定期的に実施されていく［Tuvalu, Government of 1980：2］。これにより、ツバルの人口が増加傾向にあることが明らかになっていった。西洋人との接触による伝染病の蔓延、奴隷船などによって人口が激減し、一時は絶滅の危機までもが叫ばれていたが［Bedford *et al.* 1980］、キリスト教の受容に伴う伝統的な産児制限の廃止や、植民地支配による衛生状態の改善と乳児死亡率の低下によって人口が回復、増加へと転じていったのであった［Bedford and Munro 1980］[4]。

　人口が増加傾向にあることが明らかになると、今度は人口過剰を心配する声が上がっていく。とりわけ懸念されたのが、人口過剰による土地不足である［Brady 1974：130］。ツバルの離島人口が最大となった1960年代でさえも、

---

3)　こうした研究には、ほかにも例えば、カヌー［McQuarrie 1976］や伝統的な歌［Christensen 1964］などの報告がある。

4)　なお、人口について関心を寄せていたのは植民地行政府に限らない。例えば、植民地支配が始まる前においても、宣教師や教会は信徒の数や異教徒の島民の数を調べており［Tuvalu, Government of 1980］、現在でも毎年、記録し続けている［Ekalesia Nanumea 2008］。

81

人々は土地不足に苦しめられていたというわけではなかったが［Chambers 1975；Chambers 1983］、植民地行政官は土地不足を恐れ［Bedford 1968；e.g. Cartland 1952；Maude 1937, 1948］、無人島への植民やコミュニティの移転などの対策を検討している［Bedford and Munro 1980：7；e.g. Campbell 1901］。そして、実際に、1945年には、将来の土地不足への備えとして、フィジーのキオア島[5]が植民地行政府の仲介によってバイツプの人々によって購入され、1947年から同島への植民が行われた[6]。

　人口過剰と土地不足、植民やコミュニティの移転という問題関心は、その後、植民地行政官から人類学者へ引き継がれていく。それを端的に示すのが、1962年から63年にかけて行われたホワイトによるキオア島のツバル人コミュニティに対する民族誌的調査である。彼の主著である博士論文［White 1965］では、キオア島への移住に関する歴史的な経緯、キオア島の現状、文化の持続と変容などについて詳細に検討しており、ツバルの人々が他島への植民やコミュニティの移転に伴う環境の変化にどのように適応し、生活を確立していくのかについてのメカニズムを具体的に明らかにしようとしている。ここに、島の人口増加と土地不足を恐れ、解決策として他島への植民やコミュニティの移転を進めていた植民地行政府の問題関心が人類学者に引き継がれたのを確認できる[7]。

　その後、キオア島での調査は、1968年に、地理学者のリチャード・ベッドフォードが実施し、ホワイトの調査後の動向について報告している［Bedford 1968］。ベッドフォードによると、1963年にフィジー政府による助成金を背景に、キオア島の農地が54のブロックに分けられ、それぞれが世帯ごとに割り当

　5）　キオア島は、フィジー諸島ヴァヌア・レブ島の東に位置する火山島である。面積は21km²で、バイツプ島の面積の3倍以上もある。キオア島は、バイツプ島の人々が戦時中にアメリカ軍へ従事して得た賃金などを基にフリーホールドとして購入された。
　6）　同じ植民地を構成していたギルバート諸島においても、1930年代から40年代にかけて植民地行政府の積極的な支援の下、土地不足を解消すべく「余剰人口」によるフェニックス諸島への植民が行われている［Maude 1937, 1948, 1968］。
　7）　なお、ホワイトの調査は「太平洋の移転コミュニティの文化的な変化と持続性についての比較研究（Comparative Study of Cultural Change and Stability in Displaced Communities in the Pacific)」の一環として行われたものである。

82

第 3 章　研究されるツバル

てられた。ベッドフォードは具体的にどのように土地が割り当てられたのかや、その土地をめぐるキオア島移住者とバイツプ島居住者との間の確執について分析している。その後もキオア島への移住の経緯や新たな土地で生活を確立していく過程については、ライフヒストリーに基づく研究がなされている［Koch 1978；Mullane 2003］。

　キオア島でのホワイトの調査から5年後の1968年には、イヴァン・ブレイディによってツバルで初めての本格的な社会・文化人類学的な調査が行われた。ブレイディの関心は環境と社会であり、その背景にはホワイト同様に人口過剰と土地不足に関する問題意識があった。ただし、ホワイトが土地不足の解決策であるコミュニティの移転をテーマにしたのに対して、ブレイディは面積が極小で、有用な資源が限られてくる環礁の島で人々がいかに生存しうるのかがテーマであった。彼はココヤシやタロイモなどの陸上の作物に注目し、そうした作物が社会的にどのように分配されているのかについて分析している。ブレイディは、共系出自によって土地資源が社会内でうまく配置されていることや、親族内での食物の贈与やコミュニティ内での食物の再分配が、環礁という過酷な環境で生存していくための極めて適合的な社会経済システムであると論じている［Brady 1970, 1972, 1974, 1976a, 1976b］。

　しかし、そうした知見によってもブレイディは土地不足への懸念を完全に払しょくすることはできない。彼は西洋世界との接触によって土着の社会が変化し、土地不足が生じる危険性を指摘する。ブレイディによると、ツバルの人々は土地資源をうまく利用しながら食料を生産し、またそれをうまく分配することで、環礁という脆弱な環境に適応した社会経済システムをつくりあげてきたが、西洋世界との接触以降、人口が増加してきており、土地への圧力が高まってきたことに加えて、植民地支配のなかで土地区画と所有者が固定されることで土地が細分化していき、土地利用の効率性が低下してしまったという。よって、今後も人口が増加し続け、また、コプラの輸出が増大すると、深刻な土地不足を招くと主張している［Brady 1970, 1975, 1978］。

　環礁の島での生存をめぐる研究は人類学者アン・チェンバースの研究に引き継がれていく。1970年代から80年代にかけて行われたアンの調査は、イギリス

の植民地ギルバート・エリス諸島の経済的な状況を調査し、来たる独立に備えて[8]、今後のイギリス政府の政策を決定する際の基礎資料として提示することであった [Chambers 1975：11]。次章で検討するが、アンはナヌメアの経済状況を世帯間の食料の贈与交換などに注目して論じている [Chambers 1975, 1983]。

三　制度から実践の現場へ

　ホワイト、ブレイディ、チェンバース夫妻の他にも、1970年代から1980年代にかけて、アメリカの大学で人類学を専攻する大学院生が長期間のフィールドワークを実施していた。例えば、ジェイ・ノリクスはニウタオ島での調査を基に、共系出自について論じている [Noricks 1981]。ノリクスは、共系出自が団体的（corporative）性格を持つのか、つまり、それは単なるカテゴリーではなく、集団として定義しうるのかという問題について議論している。彼は、土地所有という側面からこの問題を考え、最終的にそれが団体的性格を持つと結論づけている [Noricks 1983][9]。

　マイケル・ゴールドスミスは、独立直後の1978年12月から1980年にかけて、主にフナフティに滞在しながら、キリスト教について調査している。オセアニア世界にはすでに100年以上のキリスト教の歴史があり、人々の生活にとってなくてはならないものとなっている。しかし、伝統的な宗教が注目されることはあっても、長い間、外来のものであるキリスト教が人類学者の研究対象とな

8）　アンが調査を実施し、報告書として取りまとめていた1975年には英植民地ギルバート・エリス諸島からツバルが分離し、独立へと向けて動き出していた。

9）　彼の指導教員は、非単系出自（non-unilineal descent）によってアフリカ型の親族モデルを問いなおしたグッドイナフである [Goodenough 1955]。グッドイナフは、出自を限定的と非限定的の2つにわけ、前者は男性であれ女性であれ、共通の祖先を持つ者のうちのある特定の子孫のみにメンバーシップを与えるものであり、後者はある祖先のすべての成員にメンバーシップを与えるものと定義した。グッドイナフ以降、こうした非限定的な出自である共系出自が大きな注目を集め、さまざまな議論を呼び起こしていった [Firth 1963；Goodenough 1951, Scheffler 1964；Keesing 1968]。

84

ることはなかった［橋本 1996］。ゴールドスミスは、ツバル・キリスト教会が島の宗教として受け止められている点に注目し、ツバルのコミュニティが教会を中心に再編成されてきたと論じている［Goldsmith 1989］。

ニコ・ベズニエは1979年から1991年にかけて断続的にヌクラエラエ環礁でフィールドワークを行い、そこで得られた資料を基にリテラシーをテーマにした民族誌を出版している［Besnier 1995］。言語人類学を専門とするベズニエは、テクストや会話それ自体を詳細に検討する一方で、それらを社会・文化的な文脈に位置づけて分析し、リテラシーが認識、人格、政治的権威とどのように関連しているのかについて民族誌的な手法によって浮かび上がらせている。

ノリクスとゴールドスミスの研究がどちらかというと一般化された制度を論じていたのに対して、ベズニエの研究は具体的な人々の実践の現場を民族誌的に解き明かそうとしていた点に特徴がある。ベズニエはその後、ゴシップに注目し、日常生活におけるミクロな政治的実践について民族誌的に検討している［Besnier 2009］。ベズニエは、一見単なるおしゃべりのようにみえるゴシップが人々のライフコースを左右するほどの政治的な意味を持つと主張し、さまざまな事例の分析から、政治的行為としてのゴシップの極めてあいまいな性格を浮かび上がらせている。

実践の現場への注目は1990年代以降の研究においても継承されていき、とりわけさまざまな制度が実践の現場では柔軟性を持つ点が論じられていった。例えば、荒木晴香はニウタオ島の首長は人柄のよさという「なんとなく」の基準で選ばれているなど、首長制の「実践は非常に柔軟なものである」と論じている［荒木 2012a］。

こうした現場での柔軟性をめぐる社会的な背景に関して、バーバラ・ルエムによるナヌマンガ島の首長制についての議論が参考になる。ルエムはナヌマンガ島の首長制はキリスト教の受容や植民地支配によって変化しつつも近年まで存続してきたこと、その後、一度廃止されたが彼女の調査した1988年から1991年には首長制の復活に向けた動きがみられたことなどから、首長制の廃止と復活の背後にある社会的な背景を考察している。彼女は、ナヌマンガの首長（*tupu*）は島社会を統合する役割を持ち、それは教会や植民地行政府が果たせ

なかったものである。そのため、島は首長を必要とし、そして具体的な首長の
あり方は、島を統合することができるように状況に合わせて柔軟に変化してい
くと論じる［Lüem 1996］。

　文化的な背景に関しては、吉岡政徳の伝統概念に関する議論が参考になる
［吉岡 2005］。吉岡によれば、メラネシアの伝統概念であるカストム（*kastom*）
は、過去から現在に至るまで変化せずに伝わってきたものを意味し、キリスト
教などの外来のものは生活に根づいていたとしても伝統には入らないという。
一方、「ツバル流の法」を意味するツー・ファカツバルや「ツバル流の慣習」
を意味するファイファインガ・ファカ・ツバル[10] などのポリネシアの伝統概念
は、現在、人々の生活に根をはっているものであれば、外来のものもそこに含
みうる。吉岡は、ツバルの人々は外部のものをツバル流に取り込むことで自ら
の伝統をつくりだしていると指摘し、こうした「変化する伝統」概念が環境の
変化への適応の背景にあると示唆する［吉岡 2011：68-71］。

四　歴史をめぐって

　1970年代からは歴史学的な研究も本格的に始まる。その先駆けとなったのは、
バリー・マクドナルドによるギルバート・エリス諸島の植民地史である
［Macdonald 1971a, 1982］。マクドナルドはツバルの「人々は自らの過去や祖
先の物語を記録するよりも想起することを好む」が、「都市化と海外への出稼
ぎによって継承者とその現保有者が断絶し」、「絶滅危惧種にもなりうる」と記
し、彼らに代わってツバルの歴史を書く意義を謳っている［Macdonald
1982：ix］。もっとも、マクドナルドにとって、歴史とはツバルの人々の視点
からみたそれというよりは、植民地支配をする側からみたそれであった

　10）　なお、筆者の調査では、伝統を表す単語としてトゥー（*tuu*）、あるいはそれにサモ
　ア語の伝統概念であるアガヌー（*aganuu*）を合わせたトゥー・モ・アガヌー（*tuu mo
　aganuu*）と表現され、ツバル全体の伝統ではなく、個々の島々の伝統を指すことの方が
　多かった。この差異は吉岡が首都フナフティで調査したのに対して、筆者が離島のナヌ
　メアあるいは首都在住のナヌメア人の間で調査したことに起因すると考えられる。

86

第3章　研究されるツバル

[Macdonald 1971a, 1971b, 1972, 1982]。

　マクドナルドが植民地支配の歴史を扱ったのに対し、ダグ・マンローは19世紀初頭からイギリスによる植民地支配が始まるまでの時期を対象にしている[Munro 1982]。マンローによる研究は、貿易商人［Munro and Munro1985；Munro 1987]、奴隷商人［Munro 1990c]、キリスト教の宣教師や牧師［Munro 1978, 1996, 2000]、労働移民［Munro 1992]など多様なテーマにわたり、現地の人々の生活や社会の変化にも光を当てたものになっている。また、人類学者をはじめとする他の専門家との共同での著作も多い［Goldsmith and Munro 1992a, 1992b, 2002；Munro and Chambers 1989；Munro and Firth 1986；Munro and Bedford 1990]。

　さらに、マンローは西洋の研究者のみならず、ツバル人と共同でツバル語の冊子を2冊刊行している。一つはバイツプ島の人々がドイツ人の貿易商人に対し抱えることになった多額の負債の歴史であり［Isala mo Munro 1987]、もう一つはヌクラエラエ環礁におけるプランテーションの歴史で［Munro, Iosefa and Besnier 1990]、それぞれマンローらの論文［Munro and Munro 1985；Munro and Besnier 1985]を基にしている。どちらも、対象とする歴史的な出来事の100周年記念に合わせて、現地の人々の要請に基づいて刊行されたものである。研究者はどちらの冊子に対しても歴史学者による現地社会への研究成果の還元として好意的に評価しているが［Goldsmith 1988, 1990；Sommerhauser 1988；Chambers 1990；Noricks 1989]、マンローによれば、現地の人々は書物が公刊されたこと自体を喜んでいたが、内容に関しては全く関心を示さなかったという［Munro 1995]。

　1983年には、ツバル人による初のツバルの歴史書『ツバル——歴史（*Tuvalu：A History*)』［Laracy (ed.) 1983]が刊行された。同書は、南太平洋大学太平洋研究所（Institute of Pacific Studies, University of the South Pacific）が進めてきた歴史出版プロジェクトの一つとして刊行されたものである。同プロジェクトは、太平洋の島々に住む人々が自らの歴史について書くこ

とを目的としている[11]。同書は、4部構成で、一部「起源と文化」では土地制度、土着の信仰などのツバルの伝統や慣習、二部「島々の伝統」では8つの島ごとの神話、三部「新しい風、強し」はキリスト教、植民地支配、第二次世界大戦などの外部からの影響、四部「エリスからツバルへ」は植民地支配から独立までが扱われている。特徴的なのは、二部の島ごとの神話で、主に島の草分けに関する神話が収録されている。歴史という副題を持つ本の中に神話が大きく扱われている点に、ツバルの人々にとっての歴史意識をうかがうことができる[12]。

　同書は、独立直後のナショナル・アイデンティティの高まりを背景に出版されたもので、ツバル人が書いたツバルの歴史を高らかに宣言する［Puapua 1983：7］。これに対して、西洋の人類学者や歴史家は概ね否定的に評価している［Macdonald 1985；Brady 1985；Munro 1986；Besnier 1986b］。彼らは、ツバル人によるツバルの歴史と主張されているのにもかかわらず、同書は西洋人によって書かれた論文に大きく依拠しており、そこに新たな視点や情報はほとんど付け加わっていない、あるいは、各島の神話が無批判に収録されているだけだと批判している。また、同書はツバル人によって書かれたツバルの歴史ではあるものの、必ずしもツバル人がそれを読んできたわけではなかった。私の調査では、同書に対するツバル人一般の関心は低く、収録されていたナヌメアの神話について読んだことのあるナヌメア人を確認することはできなかった。

---

　11)　ただし、専門家ではない人々が歴史を書くのは大変な作業なので西洋人研究者らが編者として関与している。同書では、ソロモン諸島におけるキリスト教の歴史を専門とするヒュー・ララシー（Hugh Laracy）が編者となり、ツバルでワークショップを開催して人々に歴史の記述方法について説明するとともに、原稿の編集・校正を行っている。
　12)　1992年には、プレカイ・ソンギヴァルによる『ニウタオの歴史概略』が南太平洋大学から出版されている［Sogivalu 1992］。同書でもまた神話や伝承についての記述が多くを占めている。

五　ローカル・ガバナンスと伝統

　歴史と同様に、ローカル・ガバナンスのあり方も、西洋人研究者のみならず、ツバル人自らが論じてきたテーマである。

　まず、ローカル・ガバナンスのあり方に関する研究として、1977年にツバルでの調査を実施した開発行政学者のマイケル・キャンベルのものがある。当時のツバルはギルバート諸島と分離し、独立へ向けて動き出していた時であり、キャンベルの目的は独立後においても既存の地方政府が適切であるのかどうかについて調べ、必要とされる対策について提案することであった［Campbell 1977：1］。彼は2週間という短期間であったが、首都フナフティで政府職員や議員と意見交換をし、離島を訪問してカウンシルを実際に見物し、カウンシルが教会、生協、首長などのさまざまなグループと協力する関係を築いていると報告している。また、彼は集会所の島会議が果たす役割も認めつつも、カウンシルこそがローカル・ガバナンスを代表するものであるべきだとし、中央政府とカウンシルの連携を強化する必要性を主張している［Campbell 1977］。

　ツバル人ではティト・イサラというバイツプ島出身者が論じている。彼は、オーストラリアの大学にて行政学の修士号を取得し、フィジーの南太平洋大学にアドミニストレーターとして勤務した経験を持つ、ツバル人知識人である。イサラはエリス諸島とギルバート諸島の分離から独立に至るまでの経緯についてとりわけ関心があるが［Isala 1979, 1983a, 1983b, 1987］、ローカル社会でのガバナンスのあり方についても論じている［Isala 1984］。彼はツバルの伝統に敬意を示し、それを政治に取りいれるように提案するものの、どちらかといえば現在の政府の制度的な問題点をいかに改善していくのかに重点を置いている。そのため、彼はローカルなガバナンスにおける問題点として選挙で選出されたカウンシル議員と島の人々との意見の離齬を指摘し、その改善策として島の年長者や首長らの参加を認めることでカウンシル会議を一般に公開して、人々の理解を得る必要があると主張する。彼はいかにカウンシルが島の人々の支持を得るかを論じており、その点でキャンベルと同様に政府の側からガバナンスに

ついて論じたといえる。

　他方で、当時官房長官（Secretary to the Government）だったタウアサ・ターファキは、より積極的に集会所を中心とする伝統的なやり方をローカル・ガバナンスに取りいれていく必要性を主張する［Taafaki and Oh 1995］。ターファキらは、ローカル・ガバナンスにおいて、カウンシルや島政府以外にも年長者の合意を基礎とする「集会所システム」や牧師・教会の役割が果たす役割の大きさを指摘する。こうした点を踏まえた上で、ターファキらは今後、政府の政策を実施するに際しては、さまざまなアクターと協力していく必要性を訴えている［Taafaki and Oh 1995：19］。

　さらに伝統を重視した考えとして、元首相で前述のファレカウプレ法の制定を進めたビケニベウ・パエニウのものがある。パエニウは伝統的なガバナンスは「現在に至るまで存続し続けており、今後も消えさることはない」にもかかわらず、これまでこの伝統を無視し、植民地支配時に押しつけられたカウンシル制度に基づいてきたと批判する。そして、カウンシルを「伝統的なリーダーシップとガバナンス」へと統合することで、伝統に基づくガバナンスを取り戻す必要があると説く［Paeniu 1995：10-11］。パエニウにとって、「伝統的なリーダーシップとガバナンス」とは集会所の男性年長者による島会議である。彼は、島会議は「合意」、すなわち「パシフィック・ウェイ」に基づくツバル的な「民主主義」であり、現在においても有効なやり方で、それによって「持続可能な開発」が可能になるとし、ツバルの伝統である集会所と島会議の話し合いを全面的に採用すべきだと主張する［Paeniu 1995：11-15］。

　他にも、ツバル政府官僚アルバート・セルカ（Albert Seluka）は、これまでのツバルのローカル・ガバナンスのあり方を歴史的にまとめた上で、今後のガバナンスへの政策提言を行っている。彼は、伝統的なガバナンスが国全体の平和と安全保障のために貢献する可能性を指摘し、なかでも首長制を高く評価しており、ツバルの島々の首長らを集めた首長会議を設立し、それを国政のなかに位置づける必要性を主張する［Seluka 2002］。

　本章では、ツバルの社会と文化についての研究を概観してきた。まず、19世

90

第3章　研究されるツバル

紀半ばから1980年代に至るまで、キリスト教宣教師、博物学者、植民地行政官、民族学者などのさまざまな西洋人がそれぞれのやり方でツバルの伝統や慣習に関する記録を残した点を説明した。彼らが注目したのは物質文化、生業、慣習などで、彼らはそれらがツバルの伝統として記録するに相応しいものと考えていた。次章で取り上げるキースもこの伝統の記録化の最後に位置づけられる。1960年代には、人口過剰と土地不足という植民地行政府の関心と関連しながら、コミュニティの移転や環礁における生存戦略についての人類学的研究が行われた。ツバルで初めて行われた社会・文化人類学的な研究がこの土地不足という問題関心を背景にするものであった。1970年代以降は、人類学者は独自の興味関心に基づきながら多様なテーマで研究を進めていく。そして、そこでは一般化された制度ではなく、実践の現場に注目する民族誌的な研究へと変わっていったことを指摘し、近年では、実践の現場での柔軟性を論じる研究がなされていることを紹介した。他方で、1970年代には人類学的研究のみならず、歴史的な研究もまた本格的に始まった。支配する側の歴史、ツバル語で書かれた歴史、ツバルの人々が書いた歴史などについて説明した。とりわけ、ツバル人によって書かれた歴史書『ツバル——歴史』が必ずしも、ツバルの人々に読まれてきたわけではないことを指摘した。歴史と並んでツバル人によって論じられてきたテーマにガバナンスがある。ツバル人による議論では程度の差はあるが、いずれもツバルの伝統について肯定的に評価し、それをローカルなガバナンスに取り入れていく必要性を指摘していた。

第 4 章

ある人類学者のフィールドワーク

　1973年6月、ナヌメアに初めて人類学者がフィールドワークに入った。当時、博士課程の大学院生であったキース・チェンバースである。キースは、2年弱にわたる調査を終えて帰国した後、1984年の再調査を経て、博士論文を提出した。それは、『テホラハの子供たち（*Heirs of Tefolaha*）』と題された、ナヌメアのテホラハ神話を検討する民族誌であった［Chambers 1984］。この民族誌は現在でもナヌメアの人々の多くが参照するものであり、本書が扱うナヌメアの神話と首長制をめぐる探求もこの民族誌がかたちづくられた過程から始めることにしたい。

　初調査からおよそ30年経た2002年、キースは自らのフィールドワークを自省的にとらえかえして、「ナヌメアの人々と私達は、コミュニティに根差したフィールドワークを共同でつくりあげてきた。両者は半ば無意識のうちに、他者が持つと考えた価値観や期待に反応していった」と記している［Chambers and Chambers 2002：156］。しかし、そこでのキースの主な関心はいかに自らの民族誌が現地社会に影響を与えてきたのかについてであった。そのため、現地社会との関係性が人類学者の得られる情報に影響を及ぼすだけでなく、得られた情報の解釈の仕方をも方向づけると指摘するものの［Chambers and

93

Chambers 2002：157]、いかに自らの民族誌的理解が現地社会との関係性のなかで形成されたのかについて具体的に検討しているわけではない。他方で、現地社会に対する影響に関しては、自らが書いた民族誌がナヌメアの「公式」記録と受け止められており、伝統文化に関する「真実」をつくりだしてしまったと論じているが、それはナヌメアの人々がキースの民族誌を「真実」として一方的に受容しているという単純な想定に基づいており、現地社会における多様な反応を考慮に入れていない。

　キースも認めているように、フィールドワークとは協働作業であり、人類学者の調査が現地社会に何がしかの影響を与えるのと同様に、人類学者の調査にも現地社会の人々がさまざまな影響を与えている。本章ではこうした点を踏まえて、現地社会との多様で複雑な関係性のなかで、人類学者キースがどのようにフィールドワークを行い、彼の民族誌がどのように出来あがったのか、そして、それが現地社会でどのように受容されてきたのかを検討していく。具体的には、キースの1984年の民族誌［Chambers 1984］の批判的読みなおしを行うとともに、他の著作［Chambers and Chambers 2001, 2002］を参考にしながら彼の行なったフィールドワークを再構成する。また、キースの民族誌の受容に関しては、同じくナヌメアでフィールドワークをしてきた筆者が現地社会で聞き取った情報を適宜参照する。

一　フィールドワークと民族誌

　フィールドワークをして民族誌を書くというのは、人類学という学問のアイデンティティであり、一人前の人類学者になるための通過儀礼ともいわれる。今日の人類学的フィールドワークのモデルは、マリノフスキーによって確立された。マリノフスキーは、主に1915年から18年にかけての約2年間にわたってニューギニアのトロブリアンド諸島において実施したフィールドワークに基づき、1922年にクラという儀礼的交換をテーマにした民族誌である『西太平洋の遠洋航海者』［マリノフスキ　2010］を公刊した。

　同書の序論にて、マリノフスキーは次のようにフィールドワークについて説

第 4 章　ある人類学者のフィールドワーク

明している。「白人の世界から自分を切りはなし、可能なかぎり現地住民と接触」し、「彼らの集落のまっただなかにキャンプを張」る必要がある。そして、「彼らとほんとうにつきあ」い、村の生活に「参加」するのである。そうすることにより、そのうち村での生活が「まったく自然な毎日」になり、「毎日、目覚めれば、朝は私にとって、住民たちが感ずるのとほぼ同様な一日のはじまりとな」るというのである［マリノフスキ　2010：37-39］。

　人類学者は自社会から分離し、現地社会に参加するなかで、現地社会への理解を手にする。こうしたマリノフスキーの提示するフィールドワークの特徴が端的に表れているのが、後に「参与観察」と呼ばれるものである。彼は、「この種の調査では、民族誌学者も、ときにはカメラ、ノート、鉛筆をおいて、目前に行われているものに加わるのがよい。人々のゲームに加わるのもよかろうし、彼らの散歩や訪問についていき、すわって会話を聞き、これに加わってもよかろう」と勧める。それによって、「住民たちの行動、彼らの存在のあり方が、まえよりもすっきりとし、容易にわかるように」なるという［マリノフスキ　2010：61］。こうして、人類学者は「住民たちの本当の心、部族生活の本当の姿を引き出すことのできる魔術」［マリノフスキ　2010：36］を手に入れ、最終的に「人々のものの考え方（native's point of view）、および彼と世界との関係を把握し、彼の世界についての彼の見方を理解する」（傍点原著）のである［マリノフスキ　2010：65］。

　しかし、マリノフスキーが書いたフィールドでの日記が全く意図せずに公刊されると［マリノフスキー　1987］、現地社会の人々の見方を理解できるとした「魔術」は人類学者が無邪気に信じていた神話として批判されることになる。日記のなかでのマリノフスキーは、白人の世界から隔離していたわけではなく、むしろそれに依存していた。また、現地の人々との「ほんとうのつきあい」の重要性を説いていた彼が、日記のなかでは、現地の住民に対して嫌悪感をあらわにし、しばしば彼らを見下し、口汚く罵っていたのである。ただし、日記では、調査に絶望し、無気力に襲われ、小説などに逃避し、現地の人々に怒りをぶつけるマリノフスキーの姿が「スキャンダル」として注目を浴びたが、それはこの神話的な人物が「〈完璧な好漢ではなかった〉」［ギアーツ　1991：98］

95

に過ぎないのであろう。むしろ、日記が問いかけるのは、「住民たちの本当の心、部族生活の本当の姿を引き出すことのできる魔術」を持てないとするならば、私たちはどのようにすれば「住民の視点（native's point of view）」を理解することができるのかという点である［ギアーツ　1991：99］。

　しかし、マリノフスキー神話の解体の後に続く『文化を書く』［クリフォード・マーカス（編）　1996］を中心とする議論において、この点はほとんど注目を集めてこなかった。そこでは、民族誌のテクストの「リアリティ」を保証するレトリックや、調査者（書く者）と被調査者（書かれる者）の非対称的な権力関係の解明、あるいは誰が文化を書く権利を持つのかといった抽象的な議論に関心が集中していた。こうした議論のなかで、リアリズムや経験主義を否定するような論調が耳目を集める一方で、人類学者のフィールドでの経験やその経験に基づき何を明らかにするのかをめぐる方法論的な理解が深まることはなかった。

　『文化を書く』をめぐる一連の議論は人類学的な研究全体に大きな影響を与えてきたが、それを経た現在においても、フィールドワークのやり方に大きな変化はみられない。人類学者のフィールドワークを特徴づけるものは、浜本満がいうように「調査者が人々の社会生活に参入し、ほぼゼロから新たな人間関係のネットワークを構築してゆき、そうした生成する人間関係のネットワークを通してその社会についての知識を手に入れていくという、まさにそのプロセスそのもの」［浜本　2015：359］であるといえよう。スペンサーもまた同様にフィールドワークを感情によって媒介された関係性の過程であるととらえている［Spencer 2010］。

　本章では、この関係性に注目し、そのなかで人類学者キースが自らの民族誌的理解をどのように形成していったのかを検討していく。

二　フィールドへの入り方

　キースは同じく人類学者である妻のアンとともに調査を行なってきた。初めてフィールドワークを行った時、両者はともにカリフォルニア大学バークレー

校人類学専攻の大学院生で、博士論文執筆のための調査であった。1973年から75年にかけての計22ヶ月にわたる初のフィールドワークの後も、彼らはツバルでの調査を続け、1984年には6ヶ月、1996年には3ヶ月、1998年にはキースが単独で1ヶ月、2003年から2004年にかけての5ヶ月と少なくとも10年に1度の割合でツバルを訪れており、1998年の調査を除けば滞在中の多くをナヌメアで過ごしている。

　キースとアンは一緒に調査地に赴き、フィールドノートを共有し、お互いに議論しながら、フィールドワークをしていった。ただし、キースは神話や首長制をはじめとする伝統に、アンは贈与交換や食物の分配に強い関心を持っていたので、次第にそれぞれのやり方で調査を進めていくことになる。主な著作としてキースには冒頭で紹介した博士論文［Chambers 1984］が、アンには報告書［Chambers 1975］と博士論文［Chambers 1983］があるほか、2000年代には共著でそれまでの調査をまとめた一般向けの民族誌［Chambers and Chambers 2001］を出版している[1]。

　初めてのフィールドワークにあたって、夫妻は妻のアンが参加した調査プロジェクトから資金援助を受けていた［Chambers and Chambers 2001：18］。同調査プロジェクトは、イギリス政府から資金を受け、目前に迫ったツバル（当時はエリス諸島）とギルバート諸島の独立に備えて社会・経済的な基礎資料を得ることを目的とするものであった[2]。キースらはまず、植民地行政府が置かれていたギルバート諸島タラワ環礁に向かい、そこから船でナヌメアに渡った。ナヌメアに到着するとすぐに、島行政官であったイオアネという人物に迎えられ、政府職員用の宿舎に案内されている［Chambers and Chambers

---

1)　この他にもチェンバース夫妻は、1975年に投票されツバルの分離を決定づけた国民投票［Chambers and Chambers 1975］、伝統的な病気治癒［Chambers and Chambers 1985］、再生産［Chambers 1986］、色の分類［Chambers 1981］、西洋世界との接触［Chambers *et al.* 1978；Chambers and Munro 1980］、最近では、地球温暖化に起因する海面上昇に関する映像においてツバルがどのように表象されているのかについての研究を発表している［Chambers and Chambers 2002］。
2)　人類学や地理学を専門とする5人の研究者が参加しており、そのうちアンのみがツバルを対象としていた［Geddes *et al.* 1982；Chambers 1975］。

2001：27]。島行政官とは植民地行政府が任命する島政府の役人であり、選挙で選出されたカウンシル議員とともにイギリスの植民地支配を担う。彼は、キースを歓迎するために、家に招いて食事をともにしており、そこにはカウンシル議員も参加している [Chambers and Chambers 2001：30]。さらに、その翌日、キースはカウンシル長にも調査の目的について話し、翌週に開催される島会議で人々に調査について周知するように手配してもらっている [Chambers and Chambers 2001：32-33]。

　キースらは植民地支配のネットワークのなかでナヌメアに入った。キースらの調査はそもそもツバルを植民地にしていたイギリス政府から資金を得たものであり、事前にカウンシルに対して受け入れを要請する電報を打っていた。そして、カウンシルとともに植民地支配側の立場にある行政官が彼らを迎え入れるために動いていた。キースらは当初、カウンシルに事前に連絡したのにもかかわらず、島行政官しか迎えに現れなかったことを不安に思ったというが [Chambers and Chambers 2001：28-29]、当時のナヌメアにおいて両者は同じ立場にあるので、どちらが対処しても構わなかったということであろう。いずれにしてもキースらは植民地支配のネットワークのなかで受け入れられたことにこの時点では何も疑問を抱いていなかった。

　しかし、その後、彼は島行政官やカウンシルによる受け入れを否定し始める。その契機となったのは、サムエルという男性年長者との出会いであった。カウンシル長との話し合いの後、キースは旅の途中で預かった手紙を届けに行った先で、サムエルと出会う。サムエルは1954年から1957年まで首長だった人物であり、1973年当時、トゥイナヌメアという首長クランの代表で、首長クラン会議のメンバーでもあった。サムエルはキースに対して島行政官やカウンシルによる受け入れが適切に進んでいないと批判し、島会議に年長者を呼ぶべきであると主張した。その理由として彼は、キースの仕事は政府ではなく島にかかわるものであるからだと主張したという。この発言を聞き、キースは自分たちの仕事は島にかかわるものであるとし、カウンシル長と再度話し合い、年長者たちを集めた島会議を開くように要請する [Chambers and Chambers 2001：33-35]。翌日、年長者が集まった島会議が開かれ、カウンシルではなく島に

98

第4章　ある人類学者のフィールドワーク

よって受け入れられることが正式に決まる。こうして、キースはサムエルの働きかけによって政府ではなく、島に帰属する者として自らを位置づけなおしたのであった。

　ナヌメアの人々にとって、キースらは島を訪れた外来者であった。ナヌメアでは島に滞在する外来者は、土地を持たない「かわいそう」な者を意味するファカアロファ（fakaalofa）と呼ばれる。かつて土地がないことは食べ物を手に入れることができない「かわいそう」な状況にあることを意味しており、そのため、島が彼らを庇護することで暮らしが保障されていた。問題は具体的に島とは誰を指すのかである。外来者の世話をする者は自らが島を代表する者であるということを示すことにもなるため、外来者の受け入れは島の代表をめぐる争いとなることもある。

　ナヌメアの歴史をみると、しばしば誰が島を代表するのかが変化してきた。かつては首長が外来者の世話をしてきたが、キリスト教を受容した時に、この役割が首長から牧師へと移ったといわれている。イギリスの植民地支配下に入り、島行政官やカウンシルなどが大きな影響力を持ち始めると、今度は政府が外来者の世話をすべきだという意見が大きくなっていく。キースが調査した時、島の行事などはカウンシルによって担われており、外来者の受け入れもまたカウンシルがやるべきであるとされていた［Chambers and Chambers 2001：36］。つまり、当時はカウンシルこそが島を代表するものとして受け止められていたのである。

　もっとも、すべての人々がこの点に同意していたわけではなかった。その最たる人物がサムエルであった。首長クラン会議のメンバーであったサムエルがカウンシルによる受け入れを批判した時に、政府と島を対比させていた点は注目に値する。カウンシルは植民地支配に由来するが、当時の状況からもはやそれは島を代表するものであるととらえられていた。それにもかかわらず、あるいはそうであるからこそ、サムエルは政府と島をあえて対立するものとして提示し、それにより、首長クラン会議をはじめとする伝統的なものを実践してきた年長者こそが島を代表するものであると訴えかけることに成功したといえよう。少なくとも、それによって、キースが政府を島と対立するものととらえな

99

おし、自らを首長クラン会議に代表される島に属すと再定義するように促していた。

　さらに、サムエルの発言は思わぬかたちでキースのフィールドでの立場のとり方に影を落とすことになる。キースは自らの受け入れをめぐって、首長クラン会議とカウンシルとの争いを感じとり、そうした争いに巻き込まれて、調査ができなくなってしまうことを心配し始めた。彼は院生仲間の一人が、調査中に現地社会内部の争いに巻き込まれてしまい、敵対するクランの成員によって家から外に出ることさえも禁止されたという話を思い出し、自分もその二の舞いになることを危惧した。そのため、初めカウンシルによって迎え入れられていたことで年長者らの機嫌を損ねてしまわなかったか、あるいは、反対に島を選択したことでどんな不利益を被るかについて思い悩んでいる［Chambers and Chambers 2001：34］。

　現地社会での争いに巻き込まれることを未然に防ごうとしたキースは、その後、島全体と平等な関係を構築することを求めていき、「島のゲスト」であろうとした。そして、少なくとも初めのうちはその立場を徹底していた。彼は島が建てた家に住み、島の人々全員から食べ物を受けとって、島の人々と満遍なく関係をつくろうとした。反対に、ある特定の家族と関係が深まることを避け、家族の一員として迎え入れようとする誘いを断った［Chambers and Chambers 2001：9］。ナヌメアでは、すべての島民が村落を二分する双分組織のどちらかに属すが、島全体と関係性を構築することを求めたキースはいずれにも属すことはなかった。キースらはこうした自らの判断について以下のように語っている。

　　私たちは調査でお世話になっている特定の家族や個人と次第に親交を深めて
　　いった。しかし、私たちの親交はもっぱらコミュニティ全体とであった。…
　　中略…そうした初めのころから今に至るまで私たちは「島」に属すことを授
　　けられた栄誉に応えるべく努力してきた［Chambers and Chambers 2001：
　　37］。

第4章　ある人類学者のフィールドワーク

こうして島全体との平等な関係を持つことを求めていたが、皮肉なことにそれによってキースは島の人々とは異なる立場に自らを置くことになってしまう。ナヌメアでは通常、人々はある家族や親族の一員として行動し、いずれかの双分組織に属す。どの家族・親族とも密な関係性を持たない者や双分組織に属さない者は、牧師や他島出身の短期滞在者に限られ、彼らは島の人間ではないとされる。なお、キースによる過度ともいえる島全体との関係性の重視は同時代の人類学者と比べても特殊なものであった。同時期にツバルで調査した人類学者でも、例えばニコ・ベズニエはコミュニティのなかでも周辺的に位置するとある女性の家に［Besnier 2009］、マイケル・ゴールドスミスは牧師の家に滞在している［Goldsmith 1989］。

また、特定の家族ではなく、島全体と関係を持つことは、現地社会に負担をしいるものでもあり、それを維持していくことは難しかった。キースは、首都に滞在している時は、ナヌメア出身者の集会所に寝泊まりして島全体との関係性を保つことはせずに、あるナヌメア人家族の世話になっている。また、政府ではなく島に頼るというのにも限界があった。キースが再びナヌメアを訪れた1984年と1996年には、島全体から食べ物をもらっているが、宿泊先は政府職員用の宿舎であった［Chambers and Chambers 2001：10-16］。

三　神話を調査する

1　伝統文化の廃止とサルベージ

島全体との関係性を重視していたキースであったが、滞在を始めてからほどなくして、島を代表するものとキースが考えた首長クラン会議が危機的な状況にあると気づく。キースの民族誌には自らの調査中に起きたある出来事についての印象的な記述がある。それは、彼が初めてナヌメアに到着してから1ヶ月ほど経った時に開催されたカウンシル主催の島会議であった。そこで、首長クラン会議を廃止し、その仕事をカウンシルが引き継ぐことが決定されたのである。この出来事についてキースは次のように感想を記している。

101

私が困惑したのは、この社会が成立した時から重要な役割を果たしてきた組織を廃止すると人々が決断したことではなかった。私にとって理解しがたく、たいへん困惑したのは、多くの人々がいまや「新しい政府（maaloo fou）」の時代であり、伝統的な指導者が担ってきた役割と特権はカウンシルが引き継ぐべきであるという意見をもっていたことである。さらに、この決断を重大なものととらえ、別れの言葉とこれまでの活動への賛辞を送るべき価値があるとは誰も思っていなかったことが不思議であった。それは、まるで当たり前のように受け入れられたと感じられた［Chambers 1984：106］。

私と妻を除いて、誰もこのことが特筆に値することのように感じていないようにみえた［Chambers 1984：108］。

この出来事はキースにとってかなり衝撃的であり、これを契機に失われつつある伝統文化をそれが完全に失われる前にナヌメアの人々に代わって記録する、つまりサルベージ民族誌を志向していく。彼は、「ローカルな人々の記憶が断片的であることを心配し、また、年長者らが亡くなってしまうことでこの情報が忘れ去られることを懸念し」たという［Chambers and Chambers 2001：42］。キースが消えゆく伝統文化としてサルベージしようとしたものには、神話、首長制、地縁集団の３つがある。キースがナヌメアに到来した時に首長クラン会議の廃止が決定されたが、首長位自体もすでに16年前の1957年から廃止されており、キースの２度目のフィールドワークが終わった翌々年である1986年にようやく復活する。また、地縁集団に至っては、19世紀末のキリスト教の受容を契機に弱体化し始め、20世紀初頭にはすでに存在していなかった。キースは、当時存命であった年長者からかつての伝統文化のあり方についての語りを網羅的に収集し、断片的な記憶を基に消えゆく伝統文化を再構成しようとした。実際に、キースは、地縁集団と首長制に関して、年長者の記憶を基に再構成しているが、神話に関しては簡単にはいかなかった。

2 突然の訪問

興味深いことに、神話についての調査はキースによる一方的なものではなく、しばしばナヌメアの人々自らキースに神話を語りかけてきていた。とりわけ象徴的なのが、彼が島に滞在し始めて2ヶ月も経たないある日の朝、突然、タキトゥアという男性年長者が彼の家を訪れ、テホラハに関する神話を話し始めたことである。このことは、キースにとってかなり印象的な出来事であったようだ。後に彼はこの時のことについて次のように振り返っている。「ようやく私たちは『リアル』に人類学をしている。フィールドノートには大学院で読んだ民族誌によく出てきた出自、神話、伝統的な首長制などが書き加えられた。私たちは興奮した」。「しかも、そうした意味深いデータがコミュニティにとって重要な人物から贈り物として聞けたと思うと、さらにうれしい気持ちになった」[Chambers and Chambers 2001：52]。

この時の聞き取りでは、フィールドワークを始めたばかりだったこともあり、助手として雇っていたスネマという女性による通訳に頼っている。しかし、職業的な通訳ではない彼女は、タキトゥアの話を逐一訳していたのではなく、その大まかなアウトラインを示したに過ぎなかった [Chambers and Chambers 2001：2]。そのためこの後、キースはタキトゥアのところに何度か赴き、神話についての聞き取りを試みている。キースはタキトゥアから詳細に内容の聞き取りを行おうとするが、その際に、タキトゥアから一連のまとまった神話を聞くというよりも、キースの質問に対して彼が答えることで情報を蓄積し、それをキースが整理しなおすというかたちをとった。なお、この時にタキトゥアは自らの記憶のみに頼っていたわけではなく、彼のオジから伝わってきたノートを参照しており、キースはこのノートも閲覧している [Chambers 1984：76-88, 100-101, 316]。

こうして出来あがったのが、キースの民族誌に記録されているタキトゥアによる神話であり（以下、神話①とする）、以下がその概略である。

神話①

フィジーとサモアを征服した後、テホラハはテアティ（Teati）という名の

サモア人と結婚した。しかし、テアティが子どもをもうけなかったため、新たな島を探しに航海に出て、ナヌメアに到着した。パイとバウを追い払ってナヌメアを手に入れたテホラハはトンガに帰り、プレアラ（Puleala）という名のトンガ人と結婚し、ナヌメアにもどった。テホラハとプレアラとの間にはトゥータキ（Tutaki）、フィアオラ（Fiaola）、ラベンガ（Lavega）の三兄弟が生まれた。やがてテホラハは三兄弟にそれぞれ役割を与えた。長男のトゥータキは食物を分配する役割、次男のフィアオラは食物を切り分ける役割、三男のラベンガは首長として島を治める役割である。ラベンガのひ孫であるテイロとテパーの異母兄弟によって首長の系統がアリキ・ア・ムアとアリキ・ア・トゥアに二分した。テパーから数えて12世代後のロゴタウ（Logotau）は襲来してきたキリバス人を撃退したが、それを契機に首長位を譲り、自らは首長の監督役となった［Chambers 1984：76-88］。

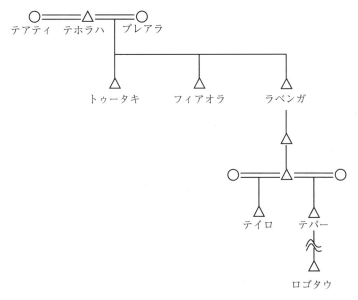

図4−1　神話①における系譜関係 ［Chambers 1984：80, 82, 85を改変］

ナヌメアの伝統文化のサルベージを目指していたキースは、「最も正統な神

104

話を探し出そうとアプローチし」ており、「そうした神話を寄せ集めて、過去についてのナヌメアの集合的な知識を表象するような全体をつくりあげようとした」[Chambers and Chambers 2001：54]。そのため、タキトゥアから初めて神話を聞いた時、キースはそれが「正統」な神話であると考えていた[Chambers 1984：75]。その後も、他の年長者から異なるバリエーションの神話を聞いていたが、それは一つの神話から派生するマイナーな差異であるととらえ、タキトゥアの神話の正統性を疑うことはなかった[Chambers 1984：75]。

　しかし、調査を進めていけばいくほど、神話には多様なバリエーションがあることが明らかになり、何が「正統」な神話なのかが次第に判断し難くなっていった。さらに、キースは神話のバリエーションの差異の背景には、ナヌメアの人々の間での政治的な争いがあると気づき始めた[Chambers and Chambers 2001：52-54]。民族誌のなかでキースは、タキトゥアの行動の背後には政治的な意図があったと記述している[Chambers 1984：6-7]。タキトゥアは当時、首長クラン会議の代表であり、トゥーマウという首長クランの代表だった[Chambers and Chambers 2001：49]。当時、首長位は廃止されており、さらに追いかけるように首長クラン会議さえも廃止されてしまったが、タキトゥアはその重要性を主張し続けていた数少ない人物であった[Chambers 1984：108]。キースは、この時のタキトゥアの意図として、調査を始めたばかりのキースに対して、自分のクランに伝わる神話のバリエーションをナヌメアの「正統」な神話として認知させようとしたものであると指摘している[Chambers 1984：6-7]。前述のとおり、ナヌメアの首長制は首長を監督する役割を果たすクランが存在する点に特徴があるが、タキトゥアの話した神話はまさにトゥーマウが首長の監督役としての役割を果たすことを正当化するものであった[3]。

---

3)　興味深いことに、キースに対してタキトゥアは以下のような発言をしている。タキトゥアは以前にもこの神話を2人の植民地行政官に伝えていたが、この神話を聞いた後に彼らが何も反応を示さないことに不満を述べ、白人の歴史にこのことが何か書かれているか尋ねている[Chambers 1984：4-5]。ナヌメアの年長者のなかには、植民地政

3　神話をめぐる争いと政治的な中立性

こうしたなか、キースは、島全体で共有される神話を再構成することをあきらめ、ナヌメアの人々の間で神話をめぐる争いがどのように繰り広げられているのかを検討するように方針を変更していった。もっとも、1973年の調査では、多様なバリエーションの神話を採取するだけで、それをどのようにまとめたらいいのか、判断しかねていた。転機となったのは、10年後の1984年に行った再調査であった。この時、島の人々が2つの神話の対立としてとらえていることに気づく。次のツバル人男性とキースとの会話はそれを示すものの一つである。

　「ナヌメアのテホラハ神話は、本当は2つあるのを知っているか」。ある日の夕方、2人で料理小屋に座っていた時、ソーセメアは尋ねてきた。「一つはテポウのもので、もう一つはタキトゥアのものだ。大きく違うのはテホラハの妻についてだ」。
　「そうだね」と私はいい、「みんなはテポウのものとタキトゥアのものとではどちらが正しいと思っているのだろうか」とつけ加えた。
　「わからない」と彼は答えた。「テポウを支持する者もいれば、タキトゥアを支持する者もいる」［Chambers 1984：75］。

こうして、神話をめぐる争いは、タキトゥアの神話とテポウという人物の神話（以下、神話②とする）の対立という構図でとらえられていく。以下がキースの民族誌に収録された神話②である。

神話②
パイとバウを追い払ってナヌメアを手に入れた後、テホラハはラウキテ（Laukite）という名の精霊と結婚した。2人は娘をもうけたが、魚のような口を持ち、食人をしたため、テホラハは彼女を殺してしまった。2人目以降

府が島コミュニティを助けるためにキースらを派遣してくれたと喜んでいた者もおり［Chambers and Chambers 2001：35-36］、タキトゥアはキースを植民地行政府に連なる人間ととらえ、彼に自らの神話を伝えたのだとも考えられる。

第4章 ある人類学者のフィールドワーク

も同様であったが、5人目に食人をしない娘コリ（Koli）が生まれた。他にもテホラハは2人の息子に恵まれ、テイロとテパーと名づけた。テホラハはコリが首長となって島を治めるように命じたが、コリは女であることを理由に首長位をテイロとテパーに譲り、自らは首長の監督役となった。テイロとテパーからアリキ・ア・ムアとアリキ・ア・トゥアの系統が始まった。その後、テホラハはトンガで新たに妻を娶り、2人の間に、トゥータキ、フィアオラ、ラベンガの三兄弟が生まれた。テホラハは彼らにテイロとテパーの2人に仕えるよう命じた。トゥータキは食物の分配、フィアオラは食物の切り分け、ラベンガは首長の選出を行う［Chambers 1984：89-96］。

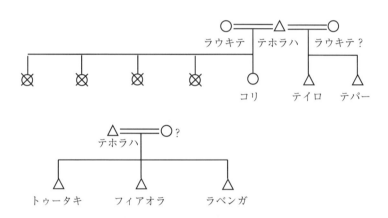

図4-2　神話②における系譜関係［Chambers 1984：95を改変］

キースは、特定の家族や集団に偏らずに島全体との関係を築くことを重視していただけでなく、島のなかの多様な人々から広く聞き取り調査を行うことで、島全体に共有される「正統」な神話を探ろうとしていた。キースにとって島全体というのは、現地社会との関係性のみならず、その調査のやり方を特徴づけるものであった。キースができるだけ多くの年長者から聞き取りをして神話の全体性を明らかにしようとしたからこそ、多くの神話のバリエーションを聞くことができ、そして、神話をめぐる争いに気づいたのであった。そして、神話

107

それ自体から神話をめぐる争いへと関心を移した後も、多くの年長者に意見を尋ねることで、争いをめぐる島全体で共有された見解を探ろうとしていた。

1984年の調査を経て、ようやく彼は２つの神話の対立という構図を島全体に共有された見解として見出すことができたのであった。他方で、島全体への聞き取り調査の過程で、２つの神話以外の多様なバリエーションを聞き取っていたが、それは彼の民族誌においてまったく言及されていない。その理由として彼は当時のナヌメアにおいてそれらが政治的な重要性を持たなかったからだと説明している［Chambers and Chambers 2002：163-165］。ここでキースは島の全体との関係性を手放し、島のなかでの政治的に中立な立場を維持しようとしていたととらえることができる。そもそも、キースが島の全体との関係性性を希求したのは、政治的な争いに巻き込まれることを恐れていたからであった。キースは争いについての島全体に共有された見解を提示することで、自らの政治的な中立性を保とうとしていたのであった。

四　関係性のなかの民族誌

キースの民族誌は、1996年に彼がナヌメアに赴いた時、島政府や首長クラン会議、お世話になっていた年長者らに寄贈されている。ナヌメアの人々は、キースの民族誌のなかでも神話や首長制に関する項目に大きな関心を示したという［Chambers and Chambers 2002：158］。後にキースはナヌメアの人々の間で自らの著作が伝統についての「真実」が書かれたものであるととらえられていったことに気づいたと記述している［Chambers and Chambers 2002］。

私たちの民族誌的な記述は、次第にある意味で「公式」記録となっていった。それは、コミュニティのすべての成員に手が届くものであり、１世代前に私たちがともに過ごした年長者の記憶に関するある種の最も権威のある資料としてとらえられていたのは明らかである。［Chambers and Chambers 2002：156］

第4章　ある人類学者のフィールドワーク

　また、キースは自らの調査と研究が首長制や神話をめぐる多様な見解を取捨選択することで、ナヌメアの伝統を創造し、流動的な伝統の固定化につながってしまったと自省的にとらえ直している［Chambers and Chambers 2002：153］。

　たしかに、キースがいうように、彼の民族誌はナヌメアの人々に大きな影響を与えてきたことは間違いないだろう。筆者の調査時においても、少なくともその存在は年長者を中心に広く知られており、キースの民族誌を実際に読んだことがある者も多かった。神話①と神話②の語りにはツバル語のトランスクリプトが掲載されており、その部分を中心に英語が読めない年長者の注目を集めていた。また、英語が読める者はその他の神話に関する項目や首長制をめぐる記述についても大きな関心を示していた。

　キースの民族誌への評価は高く、そこにすべての「真実」が書かれていると主張する者もいた。また、ナヌメアでは神話をはじめとする伝統に関することについては年長者がよく知っているとされているが、キースが聞き取ったのは現在の年長者よりも上の世代であることから、現在の年長者がいうことよりもキースの民族誌で書かれていることの方が正しいとする意見も聞いた。他にも、ある40代の男性はキースの民族誌を所有しており、時折、それを読んでナヌメアの神話や首長制について「勉強（tauloto）」していた。彼は、年齢的にはまだ年長者として島会議で発言するのには若過ぎるため、今後、年長者として活躍する時のために、キースの民族誌をナヌメアの神話や首長制についての情報源の一つにしていた。

　さて、キースが初めて調査をした1973年から民族誌が配られた1996年までの23年の間に、状況が大きく変化していた。それまでは、もう役目を終えたとされていた伝統であったが、1975年のギルバート諸島との分離から1978年のツバル独立の前後に大きく見直されていき、キースの民族誌が書かれた後の1986年にはナヌメアの首長制が復活した。神話は単なる過去の出来事についての物語から、現実の首長制を正当化する意味を持ち始めていた。こうしたなかで、キースの民族誌もまた島のなかの政治とは無関係にはいられず、中立的な記述になることは難しかった。

109

2000年代後半に行った筆者の調査では、キースの民族誌は首長の監督役クランであるトゥーマウを正当化するものとしてしばしば現地社会において用いられていた。キースの民族誌に最も言及していた者の一人が、前述のタキトゥアの神話とテポウの神話の対立をキースに語ったソーセメアという男性年長者であった。彼は、キースの調査の重要なインフォーマントの一人であり、タキトゥアの神話のツバル語トランスクリプトはソーセメアがタキトゥアから聞いたとされるものが掲載されている。筆者の調査時において、トゥーマウの代表や首長クラン会議の議長を務めるなど大きな政治的な影響力を持つ人物であった。筆者のインタビューに対して、ソーセメアは、すべての「真実」はキースの民族誌に書かれていると主張していたほか、島会議の場においてもしばしばキースの民族誌に言及していた。ソーセメアがとりわけ主張していたのが、民族誌のなかでもタキトゥアの神話のツバル語のトランスクリプトであった。それはトゥーマウの役割のみならず、ソーセメアがタキトゥアの継承者であることを正当化するものであった。

　他方で、キースの民族誌によって「真実」が固定化しつつあるかというとそうではなかった。ナヌメアのすべての人々がキースの民族誌に好意的であったわけではなく、時にはそれは「白人 (palagi)」によって書かれた「でたらめ (te loi)」であると批判されることもあった。とりわけ、筆者の聞き取りにおいて、キースの民族誌には掲載されていない神話を伝承する者たちは声高にそれを批判していた。第7章で取り上げるライナという男性は最もキースの民族誌に批判的な者の一人であった。ライナは、キースの調査助手として様々な聞き取り調査に同行し、多くの神話のバリエーションをともに聞いていた。しかし、彼はキースの帰国後に独自に年長者に聞き取りを行うなどの「調査」を実施し、「真実」の神話を明らかにしたという。彼が語ってくれた神話にはキースの民族誌に書かれたものとは異なり、監督役クランが存在しなかった。

　また、ほかにも、第8章で取り上げるタウマヘケという男性年長者は、キースの民族誌には、自らの所属するポロンガという首長クランの神話が掲載されていないことを批判していた。彼は、キースが調査をしていた時に、自分の首長クランの年長者がいなかったために、聞き取り調査の対象にならなかった

第4章　ある人類学者のフィールドワーク

と主張していた。タウマヘケが私に語ってくれた神話はポロンガを首長の監督
役として正当化する内容のものであった。

　このように、ナヌメアの神話はキースの民族誌によって固定化してしまった
わけではなく、現在においても多様なバリエーションが現れている。いいかえ
るならば、ナヌメア人の間では、キースの民族誌は「真実」の一つであり、そ
れがすべての人々に共有されていたわけではない。その意味でキースの民族誌
は何が「正統」な神話なのかを決定づけたというよりも、むしろ、何が正しい
神話や首長制なのかをめぐる議論の結節点として作用しているととらえること
ができるだろう。

　本章では、人類学者キースのフィールドワークについて検討してきた。特に、
現地社会の人々との関係性のなかで、キースがどのように民族誌的理解を形成
し、そして、彼の民族誌が現地社会においてどのように受け止められていたの
かについて明らかにしてきた。

　フィールドでの自身の受け入れをめぐって、カウンシルと首長クラン会議の
争いを感じたキースは、対立に巻き込まれて調査ができなくなることを恐れ、
島の人々全体と平等な関係を保つという立場をとった。他方で、調査を進めて
いくうちに、キースはナヌメアの人々が島の伝統を捨て去ろうとしているのを
目の当たりにして衝撃を受け、消えゆく伝統文化をサルベージしようと、年長
者への聞き取りを精力的に進めていった。しかし、神話に関する聞き取りを進
めるなかで、多様なバリエーションがあるだけでなく、神話が政治的な争いと
結びついていることに気づいてしまう。これは島の人々全体との平等な関係を
持つことを目指していたキースにとっては大きな問題であった。キースの民族
誌では、神話そのものではなく、神話をめぐる争いが主な主題になっていたが、
2つの神話をめぐる対立という構図でまとめることで、彼自身は政治的に中立
な立場を保とうとしていた。

　しかし、政治的に中立な立場で居続けることは事実上、不可能であった。そ
もそも、キースのフィールドワークは神話をめぐる政治に絡めとられており、
とりわけ顕著にみられたのが、首長クランの一つであるトゥーマウによる働き

111

かけであった。滞在後すぐに彼らのバリエーションによる「真実」の神話がキースに語られており、結果的にそれはキースの民族誌にツバル語のトランスクリプトとともに掲載された[4]。さらに、書きあがった民族誌もまた現地社会における政治とは無縁ではいられなかった。キースの民族誌はトゥーマウ・クランの男性年長者によって自らや自らの首長クランを正当化するために用いられていた。

　ただし、キースの民族誌によって何が「真実」の神話なのかが固定化されてしまったわけではなかった。2000年代後半に現地調査をした私は、キースの民族誌に対する多様な意見を耳にしてきたが、中でもとりわけ彼の民族誌に書かれていない神話を伝承する者は積極的に自らの「真実」の神話について私に語ってくれた。もちろん、だからといって私の方がキースよりもナヌメアについて「正しく」理解したかというと必ずしもそうではない。キースがトゥーマウ・クランの人々の働きかけを受けていたのと同様に、私もまた、キースの民族誌の中では掲載されていない神話を継承する者たちの働きかけを受けていたととらえた方が適切であろう。

　キースは2008年に www.nanumea.net というインターネットサイトを立ち上げ、そこに自らの民族誌を PDF ファイルにて公開している。これにより、若い世代や故郷を離れてニュージーランドなどの海外で暮らすナヌメアの人々がキースの民族誌を簡単に入手できるようになった。キースの民族誌は神話をめぐる争いの結節点の一つとして、今後も、現地社会との複雑な関係性のなかにあり続けるだろう。

---

4)　また、付け加えるならば、2つの神話の対立という構図をキースに語ったソーセメアもまたトゥーマウ・クランであったことはけっして単なる偶然だったとはいえないだろう。

第4章　ある人類学者のフィールドワーク

補論　妻のフィールドワーク

　ともにフィールドワークをしたキースとアンの人類学者夫妻であったが、キースとアンとでは研究テーマのみならず、フィールドでの調査の仕方、そして、島との関係性が異なっていた。ここでは、キースと対照させながら、アンの調査について紹介したい。

　アンが関心を持っていたのはナヌメアにおける資源の社会的配分や共有のあり方であり、それを明らかにするために、社会組織、文化的な価値観、そして生業活動、贈与交換などを広く調査していた。第3章でも説明したように、アンの研究は、環礁という過酷な環境において人々がどのように生存してきたのかをめぐる一連の研究の系譜に位置づけられる。また、アンが参加していた研究プロジェクト全体としてはツバル独立後の開発計画を策定する際の基礎的な情報を提供するという目的もあった。

　アンの調査は、社会経済の基本的な単位とされる世帯を対象としていた。そのため、彼女の調査では他の人類学者以上に世帯調査が重視されている。世帯調査は、テーマを問わず人類学的なフィールドワークの初期の段階で行うよう推奨されることが多く、アンもキースとともに数ヶ月かけて実施している。彼らの世帯調査で特徴的なのは、ナヌメアの人々に揶揄されるほど詳細なデータを集めている点である。アンはこの点について以下のような逸話を記録している。チェンバース夫妻が夜、道を歩いていると、女性たちの楽しそうな会話を偶然耳にしたという。

　「アメリカから来たキチ、ハワイから来たアネ[5]。何百マイルも遠くから来て…」。歌のなかに、突然、女性の大きな声が入りこむ。「その通り。彼らははるばるやって来て、はるばるやって来て、こう尋ねるんだ」。一瞬の合間の後、彼女は勝ち誇ったように叫んだ。「魚を何匹食べたか！ミシンを何台

---

5)　キチとアネはそれぞれキースとアンのツバルでの呼び名である。

113

持っているか！」。集まっていた女性たちは笑い転げた。その声はさらに続く。「ココナツは何個だ！カヌーは何艘だ！」。さまざまなものの名前があがるたびに、笑いが大きくなっていく。笑いすぎてもはや話すこともままならない。腹を抱えて笑っている。「トディー[6]は何杯か！」とようやく次の言葉が出た。女性たちはもはや笑い死ぬ寸前だ。はるか遠くからやってきて、こうした些細な事がらについて飽きもせずに質問していることが馬鹿らしくみえたのだろう。外の暗がりの中で私たちもお互いに笑い合った。
[Chambers 1983：v]

これは世帯調査を揶揄したものであるが、アンはこの後、これ以上に詳細な聞き取りを実施している。アンは世帯の経済的な状況を明らかにするために、ナヌメアの20の世帯をサンプルにし、1974年4月から10月にかけて毎月1週間、計7週間にわたって徹底的にデータの収集を行っている。この期間中、アンは毎日20世帯をまわり、すべての世帯構成員の前日の活動内容、その世帯で生産・消費した食料、誰が誰と何を交換したのかについて事細かに聞きとっている。

アンが博士論文のテーマとしたのは、贈与交換である。彼女は、贈与交換は親族間で行われることが多く、近い親族間ではすぐに見返りを求めないのに対し、遠い親族間では返礼によって均衡を保つことが強く求められること、また、親族間以外にも例えば、近接した世帯間などでも頻繁に交換が起きていることを、地道に収集した数値的なデータを使いながら明らかにしている[Chambers 1983：131-133]。彼女は、抽出したサンプル世帯での徹底的なデータ収集により、ナヌメアで繰り広げられている贈与交換のパターンをとらえようとしたのである。

アンの調査は、キースのそれよりもフィールドでの政治的な状況による影響を受けにくいものであった。キースの調査では、インフォーマントの人々は単

---

6) トディーとはココヤシの花こうを削り、そこから出る樹液を集めたものである。甘く、そのままでも飲むことができるほか、煮詰めてシロップ状にしたものを調味料として使う。

114

第4章　ある人類学者のフィールドワーク

に彼に情報を提供するだけでなく、彼の調査自体にも多少なりとも影響を及ぼしていた。他方のアンの調査もまたナヌメアの人々の協力なしにはできないものであるが、人々の意向が調査の方向性に影響を与えているわけではなかった。キースは現地社会の政治と無関係にはいられないが、アンは調査者という立場から、距離を置いて被調査者と対峙することが可能であった。そのため、キースはフィールドでの政治的な状況をより敏感に感じ取り、島の中での中立性に最大限の配慮を示すことにこだわり続ける。他方のアンは島の中立性に関するこだわりは比較的薄い。たしかに、アンの研究においても「島のゲスト」として島全体と関係性を持つよう試みてきたことや、双分組織のどちらにも所属しなかったとあるが、アンは特別親しく付き合ってきた人として、ハワイ系の人々、住んでいた家の近所の人々、調査助手として雇っていたスネマの家族、サンプルとして調査に協力してもらった世帯の人々と明記している[Chambers 1983：ix]。

　アンの民族誌がナヌメアの人々に与えた影響は比較的少ない。アンは調査から帰国した直後である1975年にそれを報告書としてまとめている［Chambers 1975］。報告書の中で書かれた細かい経済的なデータは植民地行政府にとって有益な情報源として好意的に評価されたという［Chambers and Chambers 2002：155］。他方で、1984年にキースとアンが再びナヌメアを訪れた際に報告書が各世帯に配布されたが、それに対して島の人々はほとんど興味を持つことはなかったという。唯一の例外が、背景の説明の箇所にあるテホラハ神話と首長制に関する記述であったが［Chambers and Chambers 2002：153-154］、これはどちらかというとキースの調査の成果である。私の調査時において、キースの調査とは対照的に、アンが何を調査していたのかについてはほとんど記憶されていなかった。

　ともにフィールドワークを行ったキースとアンの夫妻であったが、彼らの調査や研究は対照的な展開をみせる。神話や首長制をはじめとする「失われゆく」伝統文化を研究テーマとしたキースは、年長者からの聞き取りを基に伝統を再構成することに多くの労力を費やす。神話や首長制などの伝統が大きく見直された現在、彼の調査は高く評価されており、それを基にして執筆された民

115

族誌［Chambers 1984］に対して年長者を中心に多くの人々が関心を示してきた。他方、食物の贈与交換を博論の調査テーマとしたアンは、その当時の状況をとらえようと調査を進める。彼女は、食物の贈与交換についてのデータを分析し、ナヌメアの人々が普段は意識することなく実践している日常的な交換のなかから法則性を探し出そうとした。そのために、しばしばナヌメア人に笑い話のネタにされるほど詳細なデータを入手し、それをある種客観的に分析している。アンの調査時と比べて、ナヌメアにおける贈与交換の伝統は衰退しつつある。しかし、贈与交換に関しては、それが失われつつあることに危機感を募らせる者はいない。

第三部

合意する──首都にて

扉写真：上陸する

第5章

神話の憲章作成

　第三部では、首都フナフティ在住のナヌメア人の探求について説明していく。まず、本章にて、「真実」の神話に関する憲章の作成について検討する。首都のナヌメア人が憲章を作成しようとしてきた背景には、ホームランドであるナヌメアで起きた神話と首長制をめぐる争いがある。首都在住のナヌメア人は、そうした争いは神話に多様なバリエーションが存在することに根本的な原因があると考え、「真実」の神話を書き記した憲章を作成することで、ナヌメアでの争いを未然に防ごうと考えたのである。本章では、この憲章作成を事例に、いかに首都在住者らが神話に関する合意を形成しようと模索してきたのかを検討していく。

一　経緯

　憲章作成は、1993年3月、首都在住のナヌメア人の島会議での、タギシアという一人の年長者の提案から始まる。タギシアはナヌメアの伝統文化を網羅した憲章を共同で作成することを提案し、満場一致で賛成されたという。首都在住者の賛成を取りつけた後、タギシアを中心に「憲章委員会（Komiti Fakavae）」

が結成され、有力な男性年長者らがそこに参加した。憲章委員会はまず、以下のテーマを記録すべきであると決定した。1）ナヌメア人の起源、2）集会所での慣習と首長制、3）島全体にかかわる慣習と伝統、4）資源とその伝統的な利用方法である。本書で扱うテホラハ神話はまさに1）の中心となるものであり、憲章のなかでも最も重要なテーマである。憲章はファカヴァエ（*fakavae*）と呼ばれ、土台や基礎を意味し、転じて憲法や憲章という意味を持つ［Jackson 2001］。伝統（*tuu mo aganuu*）や慣習（*faifaiga mahani*）ではなく、憲章という言葉が選択されたのには、ナヌメア人にとって憲章作成がどのような意味を持っているのかが示されている。すなわち、それは単に伝統文化に関する記録ではなく、伝統文化に関するさまざまな行為を実践していくための実際的に利用価値が高いガイダンスとなることを目指しているのである［Fenua o Nanumea 2004：19］。

　憲章の作成が始められた背景には、伝統文化が失われつつあるという危機意識があった。首都フナフティでは生活が急激に近代化する一方で、ツバルの独立に伴う伝統文化の再評価という流れのなかで、伝統や伝統的な島の生活に関するノスタルジーを感じるようになっていた。さらに、憲章作成には、首都在住のナヌメア人としてのアイデンティティをめぐる問題もある。彼らは首都での他の離島民やフナフティ出身者との交渉のなかで自らを差異化するものとして神話に対する関心が高い。また、ホームランドの「真実」の伝統からは遠ざかっているものの、それを成文化することができるのは、教育程度の高い首都在住者にしかできないという自負心もある。

　憲章委員会は、首都在住者ではなく、ナヌメア在住の年長者たちが「真実」の伝統を知っているとして、当初は彼らの共通見解を記録すればよいと考えていた。そのために、上記のテーマを中心とする質問表を作成し、それをナヌメアの年長者に回答するように求めた。これを受けてナヌメアでは島の集会所で有力な年長者が週2回集まって話し合いを持った。彼らは、何度か話し合った後で、島会議で承認を得ることができると考えていた。しかし、資源利用などのテーマに関しては合意が形成されたものの、神話や首長制に関するテーマについては議論が紛糾し、話し合いが暗礁に乗り上げてしまう。

120

第5章　神話の憲章作成

　次章で詳述するが、その後、ナヌメアでは神話や首長制をめぐる争いが何度か起き、それが憲章委員会の活動方針にも影響を与えることになる。まず、1994年に起きた首長ノアによるセブンスデイ・アドベンティストの宣教師の受け入れをめぐって島を二分する争いが起きたことが大きな影響を与えた。この争いのなかで、伝統の守護者であり、争いごとの調停を期待されているはずのナヌメアの年長者たちは、神話や首長制をめぐる争いに対して無力であったばかりか、むしろ争いごとを起こしてしまっていたのである。これに対して、首都在住の年長者の間で、ナヌメアの年長者に対する不信感が募り、ホームランドの政治への介入を求める声があがっていく。

　こうした状態を受けて、憲章作成の進め方が変化していく。当初は、ナヌメアの年長者に伝統文化の取りまとめを任せていたが、ナヌメアの年長者から情報を集め、首都在住のナヌメア人の年長者らの意見を聞きながら、憲章委員会がそれを取りまとめるというかたちになっていった。憲章委員会のなかでも特に代表のタギシアは精力的に活動を展開し、用事があってナヌメアを訪れた時や、逆にナヌメアの年長者がフナフティを訪れた時に、彼らから伝統文化に関して聞き取っていく。さらに彼はこうした聞き取り調査に加えて、図書館や古文書館に通って植民地時代の行政資料や、人類学者の民族誌、歴史学者による著作などを参照しながら、1990年代末にはツバル語で書かれた草案を完成させる。

　そんななか、2002年にも首長ライナのふるまいをめぐって島を二分する争いが起きる。争いが収まると、首都在住ナヌメア人の島会議にて憲章によってホームランドの争いに対してより積極的に介入していく必要性が叫ばれるようになる。これを受けて、憲章委員会は第4章で取りあげた人類学者キースと連絡を取り、協力を要請する。2003年9月にキースらはフナフティに来島し、首都在住のナヌメア人の年長者らによる会議に参加し、草案についての意見交換をしている。また彼らは草案を手に12月から翌年1月にかけてナヌメアに赴き、内容について年長者らから意見を聞き取っていった 。この時に得られたコメントは再び、首都在住ナヌメア人の間で話し合われ、草案のなかに反映されていった。こうして、2004年2月に草案の改訂が完了する。この改訂された草案

121

は2005年11月には、タギシアの手によってナヌメアにて配布され［Fenua o Nanumea 2004：iv］、現在彼らからのフィードバックを待っている状態にある。次節では、この時に配布された最新版の草案のテクストを詳しくみていこう。

二　神話テクストの分析

1　対立する神話

　それでは、憲章のなかでの神話をめぐる記述について説明していく。まずは、神話のバリエーションの多様性をどのようにとらえているのかをみてみよう。憲章では、ナヌメアの神話をめぐる現状について「一つではない（*he tahi*)」、「紛糾している（*fifi*)」と形容し、「もし、ナヌメアの集会所に座って、さまざまな年長者が話すのを聞くならば、それぞれ異なる物語を聞くことになるだろう」としている［Fenua o Nanumea 2004：18, 29］。その理由として「彼らは異なる社会・政治的な集団の出身であり、彼らの意見は自らの個人的な見解を表しているのみならず、自らが育った家族内での伝統に根ざして」いるからだと指摘する［Fenua o Nanumea 2004：18］。そして、神話は政治的なものであり、「それはある家族に権力や権威を与え、その社会的地位を確立するように働く」という［Fenua o Nanumea 2004：18］。

　もっとも、憲章では、さまざまな神話が「紛糾」する状態をそのまま提示しているわけではない。神話をめぐる争いは、前章で論じたキース・チェンバースの民族誌［Chambers 1984］を踏襲して、タキトゥアとテポウという2人の年長者によって語られた神話①と神話②の対立として整理されている[1]。本章では、今後神話のテクストを詳しく論じていくため、多少煩雑になるが、神話①と神話②をここに再録しておく。

---

　1)　実際にはキースの民族誌とはこの2つの神話を取りあげる順番が異なっているが、ここでは議論をわかりやすくするために憲章のなかで取りあげられた神話の順番をキース・チェンバースの民族誌［Chambers 1984］と同じにしてある。

第5章 神話の憲章作成

神話①

フィジーとサモアを征服した後、テホラハはテアティという名のサモア人と結婚した。しかし、テアティが子どもをもうけなかったため、新たな島を探しに航海に出て、ナヌメアに到着した。パイとバウを追い払ってナヌメアを手に入れたテホラハはトンガに帰り、プレアラという名のトンガ人と結婚し、ナヌメアに戻った。テホラハとプレアラとの間にはトゥータキ、フィアオラ、ラベンガの三兄弟が生まれた。やがてテホラハは三兄弟にそれぞれ役割を与えた。長男のトゥータキは食物を分配する役割、次男のフィアオラは食物を切り分ける役割、三男のラベンガは首長として島を治める役割である。ラベンガのひ孫であるテイロとテパーの異母兄弟によって首長の系統がアリキ・ア・ムアとアリキ・ア・トゥアに二分した。テパーから数えて12世代後のロゴタウは襲来してきたキリバス人を撃退したが、それを契機に首長位を譲り、自らは首長の監督役となった［Fenua o Nanumea 2004：23-27］。

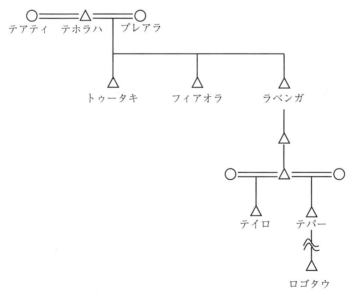

図4-1　神話①における系譜関係 ［Fenua o Nanumea：Ata 2.2, 2.3を改変］

123

神話②

パイとバウを追い払ってナヌメアを手に入れた後、テホラハはラウキテという名の精霊と結婚した。2人は娘をもうけたが、魚のような口を持ち、食人をしたため、テホラハは彼女を殺してしまった。2人目以降も同様であったが、5人目に食人をしない娘コリが生まれた。他にもテホラハは2人の息子に恵まれ、テイロとテパーと名づけた。テホラハはコリが首長となって島を治めるように命じたが、コリは女であることを理由に首長位をテイロとテパーに譲り、自らは首長の監督役となった。テイロとテパーからアリキ・ア・ムアとアリキ・ア・トゥアの系統が始まった。その後、テホラハはトンガで新たに妻を娶り、2人の間に、トゥータキ、フィアオラ、ラベンガの三兄弟が生まれた。テホラハは彼らにテイロとテパーの2人に仕えるよう命じた。トゥータキは食物の分配、フィアオラは食物の切り分け、ラベンガは首長の選出を行う［Fenua o Nanumea 2004：19-22］。

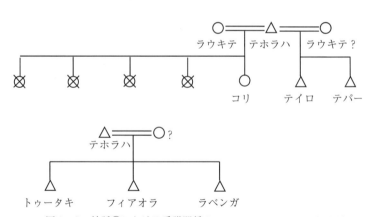

図4-2　神話②における系譜関係［Fenua o Nanumea 2004：Ata 2.1を改変］

2　対立の架橋と共通性の模索

ここまでは、キースの民族誌［Chambers 1984］に則るかたちで整理されている。しかし、これより先の議論ではそれを乗り越え、神話①と②の対立の解消を目指す。そこで注目したのが、神話①と②の両者の要素を併せ持つ神話で

第5章　神話の憲章作成

ある。憲章では、ヴァハとロゴタウという2人の男性年長者によるバリエーションが採録されている（前者を神話③、後者を神話④とする）。神話①と②が「核（*malosi*）」とされているのに対して、この2つは「架橋（*fakahokohoko*）」するものと表現される［Fenua o Nanumea 2004：28］。つまり、「核」となる神話を両端にし、その間に「架橋」となる神話が位置づけられることになる。それぞれの神話の内容を簡単にみてみよう。

神話③
パイとバウを追い払ってナヌメアを手に入れたテホラハは、一度故郷に戻り、妻であるプレアラを連れて再びナヌメアに帰ってきた。彼らの間には、トゥータキ、フィアオラ、ラベンガという3人の息子と娘コリが生まれた。子どもが成長した後、それぞれの子どもに役割を与えて、テホラハはサモアに移り住んだ。長男のトゥータキは食物を分配する役割、次男のフィアオラは食物を切り分ける役割、三男のラベンガは首長として島を治める役割が言い渡された。ラベンガは首長の役割をコリに譲り、自らは千里眼を受けとることを主張したが、コリは千里眼を自分が譲り受けて首長の助言役となり、ラベンガが首長として即位するよう認めさせた［Fenua o Nanumea 2004：30］。

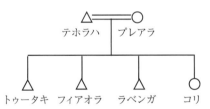

図5−1　神話③における系譜関係［Fenua o Nanumea 2004：Ata 2.4を改変］

神話④
トンガの戦士であるテホラハは、パイとバウを追い払ってナヌメアを手に入れた。ナヌメアでラウキテという名の精霊と結婚し、子どもをもうけた。その後、テホラハはサモア、トンガ、ナヌメアを往来しながら戦いに参加しつつ、こうした島々からナヌメアを含むツバルの島々に人々を送った。しかし、

125

ラウキテの子どもたちであるネネフ（Nenefu）、モエガ（Moega）、フィネハウ（Finehau）がそうした人々を食べてしまっていると知ったテホラハは、彼女らを詠唱（oga）によって消し去ってしまう。コリという名の娘だけは食人をしなかったので、殺さなかった。その後、テホラハはトンガに行き、プレアラという名の女と結婚し、トゥータキ、フィアオラ、ラベンガという三兄弟をもうける。やがて、テホラハは島を離れることを決意し、長男のトゥータキには食物を切り分けて分配する役割を、次男のフィアオラには祭司（olioli）として首長と神々を仲介する役割を、三男のラベンガには首長として島を治める役割を言い渡した。さらに、この3人の息子に対して姉のコリのいうことをすべて聞くように命じ、島を去った［Fenua o Nanumea 2004：31-33］。

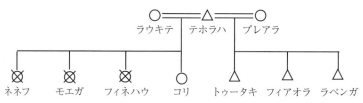

図5-2　神話④における系譜関係［Fenua o Nanumea：Ata 2.4を改変］

この2つのバリエーションで語られている内容は、神話①と神話②のそれぞれの要素を含んだものになっていることが確認できる。そのなかでも特に重要なのは、コリとトゥータキ、フィアオラ、ラベンガの三兄弟に関する言及である。コリを首長の監督役とする神話②では、トゥータキ、フィアオラ、ラベンガの3人は単なる補佐役に過ぎなかった。一方、神話①では、三兄弟の末弟ラベンガを首長の系統とし、コリは登場しない。これに対して、神話③では、コリとトゥータキ、フィアオラ、ラベンガはキョウダイであり、ラベンガが首長の系統とされ、コリは首長の助言役とされている。神話④においては、三兄弟の末弟ラベンガが首長の系統となり、コリのいうことをすべて聞くとされる。つまり、神話③、④では、コリとトゥータキ、フィアオラ、ラベンガの三兄弟の関係がうまく調停されているようにみえる。こうした点から、この2つの神

第5章　神話の憲章作成

表5−1　テホラハ神話のバリエーションの一覧表

項目	核となる神話		架橋する神話	
	神話①	神話②	神話③	神話④
テホラハの出身地	トンガ	サモア	言及なし	トンガ（ただし、幼少期はサモア）
テホラハの子に精霊	いない	いる	いない	いる
テホラハによって首長とされた者	ラベンガ	コリ（後に、コリはテイロとテパーに譲る）	ラベンガ（ラベンガはコリに譲ろうとした）	ラベンガ
テイロ／テパー	ラベンガの子孫	テホラハの子ども	ラベンガの子孫	ラベンガの子孫
ラベンガの地位	すべての首長はラベンガの子孫	首長であるテイロとテパーに仕える	すべての首長はラベンガの子孫	すべての首長はラベンガの子孫
首長の補佐	食物の分配（トゥータキとフィアオラ）	食物の分配（トゥータキとフィアオラ）、首長の選出（ラベンガ）	食物の分配（トゥータキとフィアオラ）	食物の分配（トゥータキ）、祭司（フィアオラ）
コリの役割	言及なし	監督役	助言役	言及なし
首長の監督役	ロゴタウ	コリ	コリ（助言）	フィアオラ（宗教的助言のみ）

［Fenua o Nanumea 2004：Ata 2.5を改変］

話は、「核」となる 2 つのバリエーションを「架橋」し、その対立を緩和するものであると主張される。

　こうして神話①と神話②は対立を「架橋」した上で、憲章では「真実」の神話を探ることを試みる。そのためにまず、それぞれの神話を項目ごとに分割し、その要素の組み合わせを探ろうとする。神話①から④までは、テホラハの出身地、テホラハの子どもで精霊である者がいるかどうか、テホラハによって首長とされた者、首長の監督役の存在などの点で比較した一覧表が作成されている。4 つの神話の異同を項目毎に簡単に比較できるようになっているこの一覧表によって、神話①と②で出てくる要素が、さまざまな配列で組み合わされていることがわかる。そして、ここで問題となるのはそうした要素の組み合わせであるが、憲章ではこの点について一つの解答を提示するのではなく、「真実の真実の神話」は「このなかのどこかにある」ということを示すに留まっている

127

［Fenua o Nanumea 2004：40］［表 5 － 1 参照］。

　そうした作業を基に、次に憲章では、表面上の対立を超え、よりメタレベルでの共通性を取り出そうと試みる。これは、具体的なテホラハの子孫の系譜関係、テホラハの子孫のなかで誰が首長になるべきか、テイロとテパーはテホラハの子どもか否か、食物の切り分けをするのは誰か、首長の監督役は誰かなど具体的なレベルでは意見が異なる事項に対して、それが問題化しない抽象的なレベルで共通性をみつけようとするものである。憲章では、テホラハがナヌメア人の始祖であること、今日のナヌメアの首長はテホラハの子孫がなること、テイロとテパーという 2 つの系統に分かれること、食物の切り分けと分配という首長を補佐する者が存在すること、首長を監督する者が存在することなどが共通点であると指摘している［Fenua o Nanumea 2004：28］。

三　ナヌメアからの反応

1　憲章の領有と利用

　それでは、ホームランドであるナヌメアの人々は憲章や憲章作成に対してどのように反応してきたのかをみていこう。彼らが示した反応にはさまざまなかたちがあるが、概して憲章作成の趣旨に肯定的であり、多くの年長者たちはそれに協力していく必要性を認めているといっていいだろう。もっとも、何が「真実」の神話であるのかや、「真実」の首長制のあり方について島会議などの「公的」な場で取りあげることは大きな論争となるため、それについての話し合いをためらうことも多い。よって、憲章作成に協力を表明しつつも、実際にはナヌメアの年長者の多くは、憲章作成に対して一定の距離を保っており、積極的に関与しているわけではない。そういう意味で、ナヌメアにおいては、憲章は積極的に関与すべきものというよりも、表向きにはその活動が「賛辞(fakamalo)」されるが、実際的にはそれに消極的にかかわっているものであるといえる。年長者の多くは、積極的に合意を形成することよりも、むしろ、いかに自らのやり方で首長制を実践するかに関心があり、何が「真実」の神話であるのかについて話し合うよりも、その情報を手元においておく傾向にある。

128

第5章 神話の憲章作成

　この点について、2005年11月にナヌメアで配布された草案の顛末をみてみよう。ナヌメアで配布された草案は合計10部であり、主な配布先は首長、カウンシル長、首長クラン会議の議長などの何らかの役職にあった者に届けられた。草案には一読した後には他の年長者に渡して多くの者が読めるようにと注意書きがなされていたが、他の者に回されることはほとんどなかった。私が調査をした2009年には、初めに受けとった何人かの年長者がそのまま個人的に所有していたほか、何部かは行方不明であった。草案を所有していた一人がかつて首長を務めたこともある男性年長者イリアラであった。彼は、同書を保管していた理由として、そこに伝統についての重要な情報が書かれているためだといっていた。イリアラは有力な年長者であったが、必ずしも伝統についての知識を持っている者としては考えられていなかった。また、彼が所属するのはトゥイナヌメアという首長クランであるが、そのクランを正当化する神話は現在、知られていない。しかし、どのような神話が書かれていたとしても、この草案を保持しておくことは、伝統についての多くの情報を領有し、年長者としての自らの政治的な立場の権威性を強化するための資源になりうるものであった。

　イリアラ以上に憲章によって政治的な利益を受けるのが、トゥーマウ・クランの年長者らである。トゥーマウ・クランは、首長の監視役を自任する首長クランであり、その役割は神話①によって正当化されている。トゥーマウ・クランの正統性を端的に表すのが、神話①におけるロゴタウと呼ばれるトゥーマウ・クランの創始者となった人物が襲来してきたキリバス人を撃退し、それを契機に自らは首長を監督する役割を担うことになったという話である。この話により、首長よりもその監督役クランの方が最終的な決定権を持つことが示される。実際、少なくとも1986年の首長位の復活以降において、トゥーマウ・クランが首長の選出を担うことが多く、このクランなしに首長が即位することはできないと主張してきた。また、即位後の首長にも影響力を及ぼしており、例えば首長の言動に何か問題があればそれを改善するよう要求したり、場合によっては首長を退位させたりしてきた。

　本をただせば、憲章に収録されている神話①は、トゥーマウ・クランの年長者であるタキトゥアのそれであり［Chambers 1984：85］、彼が所属するトゥ

129

ーマウ・クランの立場から首長制の成り立ちを説明するものであった。それが記録された1970年代から1980年代においては、ナヌメアの神話をめぐる政治的な状況は、神話①と②の対立としてとらえることができるものであった[Chambers 1984；Chambers and Chambers 2001]。しかし、1990年代から2000年代にかけて、神話②の影響力は低下していた。私が調査を行った2009年においては、神話②の語り手は複数人いたが、神話②は首長制とはまったく関係ないものとされており、政治的な重要性を持ちえていなかった。よって、神話①と②の対立を解消することを目指す憲章は結局のところ、神話①を正当化するものとして作用してきたと考えられる。

　トゥーマウ・クランの成員もまた、憲章が持つ政治的な意味について自覚的であった。そのため、例えば、私が同クランの代表であるソーセメアに神話についての話を尋ねた時に、「真実は憲章の通りである」とし、「他の年長者らは何も知らないからそれを参照するのがよい」と薦めてきた。さらに、キースらが人々の意見を聞きに来たり、憲章委員会の代表のタギシアが草案を配布しに来たりと、憲章委員会に関連する者がナヌメアを訪れた際に行われた饗宴では、真っ先にそれを歓迎する演説をしている。

　憲章が具体的にどの程度トゥーマウ・クランの影響力を強めていたのかについてはより慎重な議論が望まれるが、ここでは、憲章の草案がナヌメアで配布された2005年以降に顕著にトゥーマウ・クランの影響力が増加していることだけを指摘しておこう。1986年に首長位が復活して以降、トゥーマウ・クランを中心とするような上記のやり方の首長制が実践されていたが、1990年代後半から2000年代初頭にかけて、首長制をめぐる争いが起き、トゥーマウ・クランの影響力が次第に弱体化していく。第 8 章で詳述するが、2004年には、トゥーマウ・クランではなく、ポロンガ・クランによって首長が即位することになり、トゥーマウ・クランの影響力の低下が決定的になる。しかし、憲章の草案がナヌメアで配布された2005年以降、再び、トゥーマウ・クランによって首長が即位するやり方へと回帰し、私が最後にナヌメアに滞在した2010年に至るまでそれが続いていた。

130

2　憲章批判と別の神話

　他方、憲章に対して批判的な声が聞かれることもたしかである。批判的な意見を表明していた者はもっぱら憲章のなかで記述されていたものとは異なる神話のバリエーションを伝承してきたクランの成員である。ただし、彼らもまた憲章作成それ自体は意味のあることだと評価している。彼らは現在の憲章の草案が不適切であり、それを改正する必要性を訴えているのである。例えば、2004年1月に憲章委員会の要請により人類学者キースらがナヌメアに滞在していた時、第7章でとりあげる男性年長者ライナが、集会所での饗宴のなかでそれを非難する演説をしている。彼は、自らの信じる「真実」の神話を披露し、それを憲章に反映させるように主張していた。ライナの神話は以下の通りである（これを神話⑤とする）。

神話⑤

　パイとバウを追い払ってナヌメアを手に入れた後、テホラハは一度トンガに戻り、フィネハウという名の女と結婚した。再びナヌメアに赴いたが、しばらくして今度はサモアに向かい、プレアラという名の女と結婚した。さらに、テホラハはナヌメアにてラウキテという名の精霊を3人目の妻として迎えた。3人の妻からそれぞれ子どもを授かったが、テホラハはフィネハウの子どもであるトゥータキ、ラベンガ、フィアオラにそれぞれ重要な役割を与えた。トゥータキが海の首長（Aliki ote Tai）として首長の旅行を司り首長の不在中に島を治めるという役割を持ち、ラベンガが戦いの首長（Aliki Taua）として島外からの侵略者と戦う役割を持つ。そして、フィアオラが即位する首長（Aliki Hopo）として首長に即位する。フィアオラの子であるテイロとテパーの異母兄弟によって首長の系統がアリキ・ア・ムアとアリキ・ア・トゥアに二分した［Fenua o Nanumea 2004：210-215］。

　神話⑤を神話①、②と比較すると、次のような共通点と相違点が見出せる。まず、首長が2つの系統に分かれる点やトゥータキ、ラベンガ、フィアオラという三兄弟の名前などは3つの神話で共通している。しかし、神話①、②では

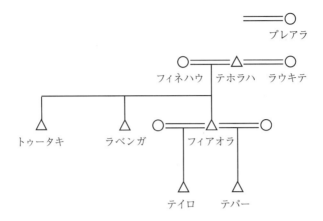

図7-1　神話⑤における系譜関係［筆者作成］

ともにこの三兄弟の順はトゥータキ、フィアオラ、ラベンガである。また、神話①はフィアオラではなくラベンガが首長の系統とされ、神話②は三兄弟は首長の補佐役に過ぎない。私が知る限り、フィアオラが首長の系統とされる神話はライナの語ったもの以外にはない。他の特筆すべきこととして、首長の監督役が存在しない点が指摘できる。神話①と②はともに、監督役クランに属す者が語り手であり、内容をみても結局のところ首長を監督するクランを正当化する神話であった。一方、ライナはアリキ・ア・ムアに属しており、その神話には首長の力を制限するような監督役は存在しない。

　ライナの主張に対して、憲章委員会はどのように答えてきたのだろうか。憲章委員会は神話⑤の語り手であるライナの批判を受けて、ひとまず神話⑤を補遺に収録し、「この神話をどのように位置づけるかは今後話し合う必要がある」［Fenua o Nanumea 2004：210］として態度を保留している。神話⑤が補遺になっている理由として、憲章の草案のなかでは「それが一つの家族に伝わる神話を表しているというよりは、いくつかの情報源を基に組み合わせ」、つまり、「合成物（*fakatahiga*）」であるからとしている［Fenua o Nanumea 2004：210］。しかし、神話③もまた「いくつかの情報源を基に組み合わせ」た「合成物」でありながらも、そのことが問題とはされていないどころか、神話①と②

を「架橋」するものとして肯定的に評価されている。このことから、神話⑤が補遺に位置づけられたのには、別の理由があると考えざるをえない。その理由として最も妥当であると考えられるのが、憲章において「核」とされる神話である神話①と神話②との共通点を見出すことが難しいという点である。

これまでみてきたように、神話①、②、③、④のいずれにおいても三兄弟の順番はトゥータキ、フィアオラ、ラベンガであり、神話①、③、④のようにラベンガが首長に即位するとされていることが多い。これに対して、神話⑤では三兄弟の順番はトゥータキ、ラベンガ、フィアオラであり、そしてそのなかでもフィアオラが首長の系統となっている。憲章では、神話①と②の対立をどのように乗り越えるのかということが最も重要な課題であったため、多様なバリエーションを取り込んでいるようにみえて、実際には、限定なしの多様さではなく、神話①と神話②の対立という構図のなかでの多様さのみが認められており、その構図に当てはまらないものについては軽視される傾向があるといわざるをえない。

四　合意の可能性と限界

これまで論じてきたように憲章では多様なバリエーションのなかから共通性を見出し、対立を解消しようと模索していた。こうした対立の解消を目指す動きは何も憲章に限られるものではない。例えば、そもそも神話③はヴァハという年長者が意図的に神話①と②の要素を組み合わせることで、神話をめぐる対立を解消しようとしたものであった。また、次章で説明するが、ナヌメアにおいて首長制をめぐる紛争が起きた時、首都在住のナヌメア人がホームランドの争いの調停を試みてきた。憲章作成もそうした争いの調停の一つとして位置づけることができるだろう。

対立の解消を目指す動きの背景には「平和で内的に統一された調和的なコミュニティ」を目指す「ハーモニー・イデオロギー」がある［Nader 1990］。ツバル最南端の島であるヌクラエラエ環礁での調査に基づいてベズニエが論じるように［Besnier 2009］、島が「平和（*filemu*）」で、「特に事件がない（*heai*

133

ne mea fakalavelave e tupu)」と、人々は「幸福 (fiafia)」で、それは一般的に「美しい／よい (gali)」ことであるとされる。さらに、「皆が集まり (kau tahi)」、「力を合わせ (fakatahi tou malosi)」て、「島が一つである (tahi te fenua)」と島が「発展 (atiakega)」していくと語られる。翻って、「無知 (pouliuli)」な人々が「ばらばらに好き勝手やる (fai valevale)」と、やがて、「言い争い (finau)」が起き、最悪のケースでは島が「二つに割れ (too ki lua)」、人々は「悲しみ (fanoanoa)」、それは「美しくない／よくない (he gali)」ことであるといわれる。「分別のある (maina)」大人は、「相互に愛情をもって (fealofani)」相手と接し、争い事を避けるよう望まれ、合意を形成できる能力に長けた者が多くの敬意を集める。争いごとはなるべく世帯内などの「私的」な領域に留めておくように望まれるが、それが人目につくような「公的」な領域にまで及んでしまうケースにおいては、年長者らなどによって調停が図られる。こうして、(少なくとも表面上は) 島の平和が保たれることに大きな努力が払われる。

　神話をめぐる意見の不一致として表現されている「一つではない (he tahi)」、「紛糾している (fifi)」という表現は [Fenua o Nanumea 2004：29]、ナヌメアにおける理想的なコミュニティの状態である「島が一つである (tahi te fenua)」あるいは「島が平和である (filemu te fenua)」とは反対の状態である。そして、神話をめぐる争いは、容易にコミュニティの危機へと横滑りしてとらえられる。憲章の共通性の模索は、神話そのものの争いを解決することで、島の統合と平和という理想に近づける努力であるととらえることができる。

　神話をめぐる争いをはじめ、首都在住のナヌメア人には、ホームランドの社会的な状況があまり好ましいものではないととらえられている。しかし、ナヌメアは「真実」の伝統がある場所であり、首都在住者はナヌメアの政治や伝統について意見をすることはできない。このようなポジションにある首都在住のナヌメア人にとって、憲章はホームランドに対して介入できる数少ないチャンネルの一つである。というのも、憲章は、あからさまに「真実」の神話が何であるのかを押しつけるような類の政治的実践ではなく、あくまでも人々の合意を得るためにうまく調停役を果たすという「合意の政治」に基づくものである

134

第5章　神話の憲章作成

からである。合意を形成しようとするものとみなされている限り、首都在住者らは憲章を通してホームランドに影響力を行使することが可能になる。

　憲章委員会では、関係者との話し合いを通して合意を形成するのではなく、「真実」の神話を見出すことで合意の形成を図ろうとしてきた。憲章では神話に関して、以下のように記述している。まず、神話をめぐる争いを神話①と神話②の対立としてとらえ、神話③、④によってその対立を「架橋」し、さらにそうした多様なバリエーションの神話の要素の一覧表を作成することで組み合わせのパターンを提示し、さらには表面上の対立を超え、よりメタレベルでの共通性を見出そうとしてきた。こうした方法によって、多様なバリエーションを政治的な争いに還元するのではなく、「真実」の神話へと到達するための手段ととらえなおしていた。

　憲章における神話のテクスト分析では、多様性から共通性を浮き彫りにしていくことを目指していたことを特徴とする。よって、神話のバリエーションの多様性は必ずしも否定的な意味合いを持つものではなく、共通性を見出すための重要な資料でもあるととらえられている。「個々の物語はそれだけではある家族の神話を意味するに過ぎない。しかし、それらを合わせることで、一つの物語と比べて、より豊かでより完全な像を提示してくれる」。こうして、多様性と政治的な争いを認めた上で、憲章は多様性そのものを肯定する。「よって、私たちの神話が紛糾していることは、実際には、ナヌメア人にとって財産かもしれない。なぜ私たちはこれらの歴史的な物語の差異が嘘や情報の操作に由来するものであるといわなければならないのだろうか。こうした多様性の価値を認め、それを集合的な遺産としてみる方がよいだろう」[Fenua o Nanumea 2004：31]。こうして表面上の多様性は、その実、共通性へと至るための手段であるという転換がなされる。「こうした伝承されてきた多様な知識の糸を一緒になうことで、（中略）強い伝統のロープをつくりあげることが可能である」[Fenua o Nanumea 2004：40]。

　こうしたことは、ナヌメア人の「真実」をめぐる論理とも合致するものである。ツバルでは、「真実である（*tonu*）」ことは「完全である（*katoatoa*）」ことと同義であるとされ、両者を足して「真実で完全である（*tonu kae katoatoa*）」

135

という表現がしばしば用いられる。ある知識が「真実」であるとされるために
は、それは「完全」でなければならない［Besnier 2009：124］。「部分的」で
あることは、「真実」ではないことを意味する。こうして、多様な神話のバリ
エーションを統合して「完全」へと近づけていくことは、「真実」へと到達す
るための重要な手段になるのである。

　ある事がらが「完全」であるかどうかを見極める上で、質問をすることが重
要な意味を持つ。さまざまな角度から質問をして、それにすべてこたえること
ができるものは「完全」であり、そして、それが「真実」であると考えられる。
逆にいえば、質問に適切に答えられないものは「不完全だから真実ではない」
とされる。この点について、憲章委員会の代表者であるタギシアはナヌメアの
集会所での合意を引き合いに出して説明していた。「この問題に対して、私た
ちはじっくりと話し合う必要がある。この点はどうだ、あの点はどうだ、と島
会議での話し合いのように、いろいろな質問に答えていくうちに、やがて、真
実で完全なものを知ることができるだろう」。ここにおいて、島の集会所での
合意形成のあり方と神話の「真実」をめぐる合意のあり方が並列的にとらえら
れていることがわかる。

　しかし、憲章が目指す合意の形成にも限界があった。憲章作成においては、
現在に至るまで神話①と②の対立をどのように乗り越えるのかということが最
も重要な課題とされている。そのため、多様性を称揚しながらも、実際には、
無限の多様性ではなく、神話①と神話②の対立という構図を緩和するためのバ
リエーションのみが重要視されている。よって、神話⑤の事例で示したように、
その構図に当てはまらないものは憲章の周辺部に位置づけられることになる。
こうした神話の語り手たちは、憲章の現状に不満を持ち、時にそれを公然と批
判し、自らの知る「真実」の神話を説いていた。しかし、「ハーモニー・イデ
オロギー」が強いナヌメアにおいては、マイノリティが反対の声をあげること
に大きな困難を伴う。というのも、島のなかでのマイノリティ側からの反対意
見の表明は、島の調和を乱す行為として問題視される危険性が高いからである。
つまり、「ハーモニー・イデオロギー」や合意への圧力は、マイノリティの意
見を抑圧するように働くという側面をも併せ持つものである［cf. Huffer and

136

So'o 2003]。さらに、2000年代において神話②の政治的な重要性は低下しており、神話①と②の対立の解消を目指す憲章は結局のところ、神話①を正当化するものとして作用していた。

　以上、首都在住のナヌメア人が憲章作成においていかに合意を形成しようとしてきたのかと、それに対するナヌメアのナヌメア人の反応について具体的に説明してきた。首都在住のナヌメア人によって憲章作成が開始されてからすでに20年が経過している。この年月のなかでそれに参加してきた者のなかにはすでに亡くなってしまった者もおり、憲章作成を常にリードしてきたタギシアも、不慮の事故で2007年にこの世を去っている。この20年の間に、憲章の草案が完成し、そこでは多くのバリエーションを取り込んでいくことに一定程度成功している。しかし、人々が「真実」の神話に「合意」するまでにはまだまだ長い道のりがあるようにみえる。2005年にようやく完成した草案がナヌメアに送られたが、それに対してナヌメアの人々から激しい批判の声が聴かれる。批判的な意見を表明しているのはもっぱら憲章のなかで記述されていたものとは異なる神話のバリエーションを伝承してきたクランの成員である。彼らもまた憲章作成それ自体は意味のあることだと評価しているものの、現在の憲章の草案が不適切であり、それを改正する必要性を訴えているのである。

　こうした状況に対して、長い年数を経て唯一人々の合意を得た点は、神話をめぐる合意の形成を今後も続けていくことだけであったというシニカルな意見もある。実際に、憲章作成を主導してきたタギシアもまた依然として憲章が未完成と認めており、草案においても今後も新たな情報を付け加えたり、修正したりする必要があることに再三にわたって注意が促されている。その後も憲章委員会の代表の役割は他の者に引き継がれ、新たに憲章委員会の代表となった人物も私のインタビューに対して、これまで収録されていなかったり、知られていなかったりする神話のバリエーションも今まで以上に積極的に取り込んでいきたいと話していた。こうして、憲章は「真実」を求め続けて、多様な神話のバリエーションを取り込み続けることになる。この点を示唆するかのように憲章には以下のような記述がある。「重要なことは、神話は年長者によって異

なってはいるが、その多様性を受け入れ、完全なる真実の真実を探し求め続けることである」〔Fenua o Nanumea 2004：40〕。

第6章

首長制の成文化

　前章では、首都在住のナヌメア人による憲章の作成を検討し、彼らがいかに
「真実」の神話についての合意を形成しようとしてきたのかを明らかにした。
首都在住のナヌメア人の活動はそれだけにとどまらない。彼らはそれと並行し
て、首長制の成文化をすることで、首長制の正しいやり方についての合意の形
成を図ってきたのである。神話に関する合意形成がナヌメアでの争いを未然に
防ぐための根本的な問題解決を目指すものであるのに対して、首長制の成文化
は争いが起きた直後に行われ、二度と同じ問題を起こさせないように対処する
ためのものであった。本章では、首長制をめぐる争いと関連させながら、いか
に首都在住者らが首長制をめぐる合意の形成を試みてきたのかについて検討し
ていく。

一　首長制の再構成とその後

　まずはナヌメアの首長制について確認しておきたい。ナヌメアの首長位は、
イギリスの植民地支配時の1957年から1986年までの約30年間にわたって廃止さ
れていた。それ以前の首長制についての記録はほとんど残されていないが、第

139

4章で検討した人類学者キースが廃止前の首長制について民族誌のなかで記述
しており［Chambers 1984］、そこから伝統的な首長制についてうかがい知る
ことができる。キースの民族誌は、1973年から75年までの約2年間と1984年の
約半年間の調査を基にしている。当時、首長位が廃止されていたため、年長者
の記憶を頼りに、首長制がどのようなものであったのかを聞き取り、集めた情
報を統合することで、かつて行われていた首長制を再構成している。

　それによれば、廃止前の首長もその政治的な影響力はごく限られたもので
あったという。首長は肉体労働に従事することはなく、一日中、家のなかにい
て「島の幸福について思いを巡らす」ことが期待されていた［Chambers
1984：141］。島会議が開かれる時にはそこに出席したというが、議論に参加し
ていたわけではなかった。首長には政治的なリーダーシップよりも、島の祝福
や豊穣性が期待されていた。また、島の象徴としての役割を持っていたため、
首長にはさまざまな制約が課されており、私的な饗宴への参加、荷物を運ぶこ
と、子どもに触れること、畑仕事をすること、汚い服を着ることなどが禁止さ
れていたという［Chambers 1984：144-150］。

　首長位は世襲されていたわけではなく、首長クランの成員のなかから随時、
選ばれていた。首長の選出に関して首長クラン会議がまとめ役を果たしていた
が、それぞれの首長クランあるいはその他の年長者も大きく関与していた。首
長の選出は、まずそれぞれの首長クランの成員で集まって、候補者を決めるこ
とから始まる。その人物が父系の系統で当該首長クランの成員であること、非
嫡出子ではないこと、妻がナヌメア人であることなどが候補者になるための条
件であった。各クランの候補者が決まったら、すべての候補者および島の年長
者たちが集会所に集まり話し合いが行われた。そこで、それぞれの候補者につ
いての意見が述べられ、どの候補者が首長としてふさわしいのかが議論された。
集会所での話し合いにおいて誰が首長になるべきかが合意されたら、その候補
者に島を「まもる（tausi）」覚悟があるのかと問いただしていたという。覚悟
があると答えれば、彼が首長となることが正式に決まった。

　その後、島総出で即位儀礼に向けた準備が行われた。即位儀礼を誰が主導す
るのかはキースの民族誌では明確に示されていない。即位直前に、トゥーマ

140

第6章　首長制の成文化

ウ・クランの成員が首長となる者を訪れて、首長のふるまいについて指導（*polopoloaki*）していたが、そこには首長クラン会議の成員も参加していた［Chambers 1984：132-141］。首長の在任期間に関する取り決めはなく、亡くなるまでその役を務めることも可能であった。他方、首長に対する不満が高まった際には首長を退位させることもできた。退位に際して、トゥーマウ・クランもしくは、他の首長クランの代表者が首長の家を訪れ、島のために自らその地位から降りるように求めたというが、年長者の間で合意がなされていたときにのみ可能であったようである［Chambers 1984：130-132］。首長は必ずもこうした要求に応えなければならないというわけではないが、年長者から支持を得ることができなければ多くの場合、首長は退位せざるをえなくなった。

　その後、2001年に書かれたキースらの民族誌は、復活後の首長について報告している。復活後の首長制についての記述は、1996年の3ヶ月間と1998年の1ヶ月間に行った再調査に基づくものであり、その時にはすでに3人の首長が即位していた。1986年に復活した首長制は廃止前の首長制として再構成したものとは多少、異なっていたといい、具体的には以下のように記している。首長の即位は、首長クラン会議がそれぞれの首長クランから1人候補者を選ぶよう要請することから始まる。候補者はトゥーマウ・クランが審査し、そこで認められれば首長となることができる［Chambers and Chambers 2001：208］。どの首長クランの候補者が優先されるかなどの詳細や首長の退位については報告されていない。廃止前の再構成と復活後の報告を比較すると、誰が首長になれるのかを最終的に決定するのは、廃止前では集会所の合意であるのに対して、復活後ではトゥーマウ・クランの審査である点が大きく異なっている[1]。

---

1)　第4章で説明したように、キースが初めて調査をした1970年代半ばには首長クラン会議の廃止が決定されており、それ以前から首長クラン会議はかなり形骸化が進んでいたと考えられる。キースが首長制を再構成する際の主要なインフォーマントはこの首長クラン会議の成員であったことを考慮に入れるならば、廃止前の首長制としてキースが記述したものは、調査当時である1970年代から1980年代における首長クラン会議の成員による政治的な主張が入り込んでいた可能性もある。

141

二　首長ノアをめぐる争い

　首長制の成文化はナヌメアにおける争いを受けて始まる。首長制が復活した
1986年以降、現在に至るまで島を二分する争いが2度起きている。1度目は
1993年から1999年にかけてノアが首長であった時であり、2度目は2002年末か
ら2003年初めにかけてライナが首長であった時である。この2つの争いの直後
に首都在住のナヌメア人を中心に首長制の成文化が試みられた。

　ノアの在位時に起きた争いの契機となったのは、セブンスデイ・アドベン
ティストのミッションの来島であった。1994年2月に、フィジー人宣教師1人
とツバル人信徒複数人からなる布教団がナヌメアに来島した。当時、すでにセ
ブンスデイ・アドベンティストは首都に教会を建設し、ツバルでの活動拠点を
確保しており、そこから離島での布教へと乗り出していた。ナヌメアには、同
宗派に改宗していた家族がおり、彼らはそこを中心に布教活動をしようと計画
していた。信教の自由が憲法で保障されているものの、ツバルの離島では島の
宗教であるツバル・キリスト教会以外の宗派・宗教の活動には大きな制約が課
されている。そのため、セブンスデイ・アドベンティストの布教団が到来する
という噂が流れると人々の間に緊張が走った。

　布教団がナヌメアに到着すると、その受け入れをめぐって集会所の島会議で
話し合われた。島会議のなかでは布教団の即時追放を求める声が大勢を占め、
島の結論として彼らを追放することが合意された。しかし、当時首長であった
ノアは、外からやってきて土地を持たないかわいそうな者を助ける（*kopi tana
fakaalofa*）伝統に言及した上で、島会議での合意を翻し、彼らを受け入れると
宣言した。島会議はどよめきとともに首長の発言を結論として閉幕したが、事
態はすんなりと解決しなかった。首長の決断に対してツバル・キリスト教会の
執事らを中心に多くの者が集会所の内外で反対を唱えた。他方で、首長の決断
は、教会に不満を持っていた者の間で支持されていった。布教団の受け入れを
めぐる島内の意見の対立は、村落を二分する双分組織とも結びついていき、双
分組織の片方の人々は首長に反対し、もう片方は首長の支持にまわった。こう

142

して、島を二分する争いへとなっていった。

　こうしたなか、反対派のなかに過激な行動を取る者が現れ、布教団への投石などの暴力行為が起こると、彼らはすぐにナヌメアを去っていく。しかし、布教団が去った後も、対立は解消されずに残った。1994年3月に首都から首都在住のナヌメア人年長者、政府官僚、警察らからなる特使（*savali*）が派遣され、両陣営との話し合いがもたれたが、事態が好転することなくにらみ合いが続いていく。首長は島会議において、資金集めに倫理的な問題があると、敵対する双分組織を非難する傍ら、自らを支持する双分組織にさまざまな便宜を与えるような提案をし始めた。

　対立は何年にもわたってナヌメアにくすぶり続けていた。しかし、1999年2月に反対派が自らの立場を表明するために、シチアという年長者を首長として選出すると事態が急展開する。反対派の人々が集会所に集まってシチアの即位儀礼を敢行した。これにより、島の行事や話し合いなどの集会所で会合が開かれる際には、2人の首長が出席することになり、はじめにノアが首長として発言した後、シチアもまた首長として発言するという「異常事態」に陥ってしまった。2人の首長がそれぞれの立場から発言することで対立があおられ、島内は一気に緊迫した状況になってしまう。

　事態を重くみた首都在住のナヌメア人たちは1999年5月に2度目の特使を派遣し、話し合いによる和解の形成を図ろうとした。今度は説得が功を奏し、ノアとシチアの両者がともに退位し、新たな首長が即位することで両陣営は合意した。さらに、特使らは首長制のやり方があいまいであることを問題視し、首長の即位と退位の仕方について成文化することでも合意した。この時に両陣営によって締結されたのが「不安定な状況下のナヌメアの制度化のための合意書（*Feagaiga mo te fakatokaga ote Tulaga he Toka o Nanumea*）」（以下、「合意書」と表記）である。これは首都在住のナヌメア人年長者の意見を政府官僚が整理し直すことによってつくられたものである。

不安定な状況下のナヌメアの制度化のための合意書

1．ナヌメアの首長の退位は以下のやり方で行わなければならない。

　(a)首長に対して不平や不満がある者は、トゥーマウ・クランの代表（「トゥーマウの代表」）を通して、それを訴えなければならない。トゥーマウの代表はその訴えに対してどのように対応するのかを決める。10人以上の者から訴えがあったのならば、トゥーマウの代表は早急にトゥーマウ・クランの集会を開き、その訴えを検討しなければならない。

　(e)トゥーマウの代表あるいはトゥーマウ・クランの全成員はその訴えを精査し、適切な対応の仕方を決定する。

　(i)首長を指導するべきだとトゥーマウが結論を出したのならば、トゥーマウはその準備をする。もし、首長が退位すべきだとトゥーマウが結論を出したのならば、6つの［首長］クランにそれを通知し、彼らの意見を聞かなければならない。6つの［首長］クランの意見を聞いた後、集会所にそれを通知しなければならない。

2．首長の選出は、2つの陣営が理解するように、これまで行われてきた慣習通りに以下のように行う。

　(a)首長位が空いており、新たな首長を選ぶことが望まれていたのならば、トゥーマウ・クランはその選出を始めなければならない。

　(e)トゥーマウ・クランは首長位に就くべきクランと連絡を取り合い、首長になる者を選出してもらう。クランから通知があったのならば、トゥーマウは首長になるための条件に照らし合わせてその人物を精査する。

　(i)トゥーマウ・クランがその人物を承認したのならば、6つの［首長］クランに通知し、彼らの意見を聞く。もし、6つの［首長］クランに不満があるのならば、トゥーマウはその点について再度検討する。

　(o)もし、トゥーマウ・クランで適切に検討されたのならば、それを集会所に通知する。

第6章　首長制の成文化

3．省略

4．ナヌメアの島会議はファカウアと年長者に基づく。島会議は下記のやり方で行う。

　(a)集会所での結論はファカウアを持つ年長者とその他の年長者によってなされる。年長者とは55歳以上の者である。

　(e)ファカウアを持つ45歳以上、55歳未満の者は集会所の会議に参加し、自らの考えを表明することができるが、結論を決めることはできない。

一部改変（〔　〕内筆者挿入）

　「合意書」では、首長の選出に関して、これまでやってきたやり方を維持するとした上で、トゥーマウ・クランが重要な役割を果たすように規定している。それによると、まず首長が空位になったら、トゥーマウ・クランが先導し、他の首長クランと連絡を取り合い、首長の候補者を選出してもらう。首長クランから首長の候補者が伝えられたら、トゥーマウ・クランはその候補者が首長に適切な人物かどうかを審査する。もし、トゥーマウ・クランが問題なしと判断すれば、他の首長クランに通告してそれに対する意見を受けつける。そこで、反対意見があった場合、トゥーマウ・クランはその点についてもう一度話し合った上で、問題がないと判断すれば、新たな首長として集会所にて公表される。

　他方、首長の退位に関しても同様に、トゥーマウ・クランに重要な役割が付与されている。まず、首長に対する不満は、トゥーマウ・クランが受けつけ、もし、10人以上の者が首長の不満を訴えてきたのならば、トゥーマウ・クランは成員を集めて会議を開き、首長に対する指導を行うか、首長を退位させるのかを決める。首長に対する指導はトゥーマウ・クランが行うが、首長を退位させる際には、他の首長クランに事前に相談した上で、それを集会所に発表する。どちらのケースにおいても、他の首長クランへの相談によって反対意見が出されたとしても、それはトゥーマウ・クランに再考を促すのみであり、最終的な決定はトゥーマウ・クランが出すことができる。集会所は単にその決定が伝えられるに過ぎない。また、この「合意書」においては、集会所の話し合いに参

145

加することができる者についての規定もある。それによると、饗宴の食物の供出単位であるファカウア[2]がある45歳以上の年長者は集会所で発言する権利があり、ファカウアを持つ、持たずにかかわらず、55歳以上の年長者が決定権を持つとされる。

このように「合意書」では、首長の即位と退位に際して、トゥーマウ・クランが大きな役割を果たすように規定されていることがわかる。ただし、ノアとシチアをめぐる争いの発端は集会所の決定を首長が翻したことにあったが、首長と集会所のどちらの意見が優先されるかに関しては定められていない。

三　首長ライナをめぐる争い

ノアとシチアが退位し、「合意書」のとおりにトゥーマウ・クランを中心に首長選びが始まった。選出されたのは、ファライレという年長者であり、1999年から始まった彼の在位中には何ら問題は起きなかった。ファライレは2002年8月に老齢を理由に首長位から退く。その次に首長となったのがライナであり、彼の即位中に再び島を二分する争いが起きてしまう。なお、この争いに関しては第7章においてライナの視点から改めて検討する。

ライナを選出する際も、ファライレの時と同様にトゥーマウ・クランを中心に新たな首長選びが行われた。同クランは、アリキ・ア・ムアという首長クランの代表であったライナに首長としてふさわしい者を推薦してほしいという要望書を送った[3]。ライナはクランの成員を集めて、自らが首長として推薦されることを認めさせ、トゥーマウ・クランにそれを伝えた。これを受けて開かれたトゥーマウ・クランの会議では、ライナの系譜関係が評価された一方、歯に衣着せぬ物言いが首長として不適切という反論も出た。しかし、当時、トゥーマウの代表であったソーセメアが義兄弟（*haitaina*）であったライナを後押ししたことに加え、他にめぼしい候補者がおらず、首長の不在は島のためになら

---

[2]　ファカウアに関しては第1章を参照。

[3]　アリキ・ア・ムアの成員は他のクランよりも首長にふさわしいとされており、首長選出の際にはまず先に打診されることが多い。

第6章　首長制の成文化

ないという意見に傾き、トゥーマウが適切に監督すれば問題ないとしてライナを首長に即位させると決定し、集会所に伝えた。しかし、普段から歯に衣着せず発言するライナを快く思っていなかった者も多く、集会所での話し合いでは彼が首長として即位することに多くの人々が反対を表明した。これを受けて、トゥーマウ・クランは再度、自らのクランの成員で話し合って検討したが、ライナを首長として即位させるべきだと再確認し、反対を押し切って、2002年10月半ばにライナの即位儀礼を集会所で敢行した。

　こうした首長の選出方法に対して多くの人々が批判的であったが、ライナの首長としてのふるまいによって、人々の不満がさらに高まる。第1章で説明したとおり島会議は男性年長者の合意を基本としており、首長が発言することはほとんどないが、ライナはちがっていた。彼は招集した島会議でおもむろに立ち上がると、一方的に人々に命令し始めたのである。なかでも年長者として尊敬を集めていたシオネという人物が島の基金を私的に流用したとライナが糾弾し、その調査を命じた点は大きな波紋を呼んだ。ライナの言動は一定の支持を集めた一方で、シオネが強く反発し、ライナのふるまいが首長として不適切だと公然と批判したことで、ライナの支持者とシオネの支持者とで島を二分した対立が形成された。シオネは村落の双分組織の一方の代表であったことから、争いが双分組織間の対立に結びつき、事態は悪化していった。

　首長に対する不平を聞き入れ、必要とあれば、首長に対して指導するか、もしくは首長を退位させることができるとされたトゥーマウ・クランは、この時その役割を果たすことができず、対立を解消することができなかった。さらにトゥーマウの代表が義兄弟のライナを擁護したため、トゥーマウは監督の役割を果たすことができないばかりか、むしろ争いに加担していた。この時の争いはケガ人が数人出たくらいで、ほとんどの場合は両陣営のにらみ合いであったが、それによって饗宴が開かれなかったことが大きな問題であった。年末から年始は大いなる日と呼ばれ、数週間にわたって島の饗宴を催す重要な時期であった。これにより人々の不安と不満が高まっていったが、両陣営がにらみ合いを続けるだけで事態が好転することはなかった。

　やがて、この状況が首都フナフティ在住のナヌメア人にも伝わり、彼らの間

147

でホームランドでの争いを解決する必要性が叫ばれた。年が明けた2003年1月半ばに、首都在住のナヌメア人の年長者、ナヌメアから選出された国会議員、政府官僚、警察官などが特使として派遣された。特使は両陣営を含む島の年長者らと集会所で話し合いを持った。そこでは、ライナが退位することで合意し、事態は収束していく。他にも話し合いの結果、新たな首長が選出されるまでの間、トゥーマウ・クランの代表者が暫定的に首長位を代理で務めることが決定された。先述のノアをめぐる争いを収めた時のように、首長制をめぐる規則については議論されなかったが、代わりに、首都在住のナヌメア人年長者が、首長制に関する新たな成文法を作成することになった。

　ライナの即位は、「合意書」に記載されたやり方に基づいていた。トゥーマウ・クランは他の首長クランに相談し、かつ決定事項を集会所にて発表した。集会所で反対意見を聞いた後、トゥーマウ・クランは再度話し合ってライナの即位を決めている。この点に関しても、他の首長クランや集会所よりもトゥーマウの意見が優先する「合意書」のとおりである。しかし、このやり方こそが問題だった。すなわち、トゥーマウの意見と島の人々の意見が大きく食い違った時でも、トゥーマウの意見が優先されてしまい、結果として混乱を招いてしまったのである。また、首長に問題がある時はトゥーマウ・クランが首長の退位を決めるとされていたが、彼らがその役割を果たせなかった点も問題視された。こうした点を受けて、首都在住のナヌメア人はトゥーマウ・クランが果たせなかった役割を集会所によって補完するかたちで「合意書」を改正していった。そして、争いの終結から4ヶ月経った2003年5月、首都在住のナヌメア人の間で会議が開かれ、「ナヌメアにおける首長の選出についての制度案（*Fakatokaga Fakatautau mo te filifiliga o te Pulefenua o te Fenua ko Nanumea*）」（以下、「制度案」と表記）と題された成文法に合意した。

ナヌメアにおける首長の選出についての制度案

　1．ナヌメアは以下のやり方で選出された首長を集会所の長とする。
　　(a)トゥーマウ・クランは首長位に即位すべきクランと連絡を取り合う。

第6章　首長制の成文化

　(e)トゥーマウ・クランがその人物を認めたのならば、6つの［首長］ク
　　ランに通知し、彼らの意見を聞く。この6つの［首長］クランに何か
　　不満があったのならば、トゥーマウはそれを再度検討する。

　(i)トゥーマウ・クランがその人物を承認したのならば、代表はそれを集
　　会所に通知し、最終的な合意をえる。

　(o)第1条(i)におけるトゥーマウによる首長の即位に関する集会所への通
　　知は、6つの［首長］クランすべての合意を得なければならない。

　(u)トゥーマウ・クランは首長の即位儀礼を準備する。トゥーマウは集会
　　所における首長の選出に関する結論が出てから7日以内に首長の即位
　　儀礼を開催しなければならない。

　(f)首長の状況によって必要とされるときはすべて、首長の役割を代理の
　　者が務めなければならない。

2．すべての［首長］クランにおける首長選出の会議は、ファカウアがあ
　る40歳以上のナヌメア人男性が6人以上出席しなければならない。

3．第1条(f)におけるトゥーマウ・クランによる代理の選出の会議も、第
　2条の通りとする。

4．第2条における「ファカウア」とは島が呼びかけたすべての要望に応
　えるファカウアとしてすでに島に登録されているナヌメア人である。

5．ナヌメアの集会所における首長の選出に関する会議では、45歳以上の
　男女が50人以上出席しなければならない。選出は集会所のやり方に基
　づく。

6．首長はナヌメア人の団結の象徴であり、首長は集会所での結論を尊重
　する。

7．以下に該当するときは、第1条（a-o）によって新たな首長を再度選
　出することができる。

　(a)在位中の首長が亡くなったとき。

　(e)首長の座についてから2年経過したとき。

　(i)第8条におけるトゥーマウの提案に対して集会所の合意を得られたと
　　き、第7条［原文ママ］における集会所の結論を得たとき。

149

8．首長の退位は以下のやり方でなければならない。

　(a)首長に対して不平や不満がある者は、トゥーマウ・クランの代表（「トゥーマウの代表」）を通して、それを訴えなければならない。トゥーマウはその不平や不満に対してどのように対応するのかを検討しなければならない。

　(e)第8条(a)に基づき、トゥーマウに検討することを要請するためには、45歳以上の者が、同じく45歳以上の10人以上の賛同を得なければならない。

　(i)トゥーマウ・クランは第8条(a)に基づくすべての不満をきちんと精査し、トゥーマウの代表が訴えを聞いてから2週間以内に、その不平や不満の内容に適した対応を検討し、その結論を訴えた者に通知しなければならない。

　(o)首長を指導すべきだとトゥーマウが判断したのならば、トゥーマウはその指導を準備する。首長は退位すべきだとトゥーマウが判断したのならば、それを6つの［首長］クランに通知し、彼らの意見を聞く。6つの［首長］クランの意見を聞いた後、集会所に通知する。集会所はトゥーマウの通知に対する最終的な結論を下す。

　(u)首長に対する指導が終わったら、トゥーマウは集会所に報告しなければならない。

　(f)トゥーマウが第8条(a)及び第8条（e、i）に基づく不満の訴えに対応しなかったのならば、不平や不満は集会所が聞き、集会所からその点についての結論を得ることができる。

9．第8条(a)に基づくトゥーマウ・クランの対応を2週間以内に集会所が確認できなかったのならば、集会所はトゥーマウに対して訴えられた不満への結論を出すことができる。

10．島政府の管轄や仕事ではない、伝統や慣習、集会所の要望に関しては首長クラン会議が取り仕切る。

11．首長クラン会議への代表の選出は首長クランごとに行い、その代表の名前を集会所に通知し、合意をえなければならない。

第6章　首長制の成文化

12. 首長クラン会議を構成するそれぞれの首長クランの代表は45歳以上でなければならない。

13. 首長クラン会議は首長がやるべき仕事を代わりに実施する。

一部改変（〔　〕内筆者挿入）

　「制度案」では首長の即位に関して、集会所と、トゥーマウ以外の首長クランの意見を尊重するような規定が加えられている。首長の選出に際し、トゥーマウ・クランは他の首長クランから候補者を募り、それを審査する。問題がなかった場合には他の首長クランから意見を募り、その後集会所に通知するという基本的な手続きは「合意書」と同じである。しかし、「制度案」ではそれに加えて集会所に通知する前にすべての首長クランの合意を得る必要があり、最終的には集会所の話し合いで合意を得る必要があると規定されている。

　首長の退位に関しても基本的には「合意書」のとおりであるが、そこにも首長クランに加えて、集会所の役割が明文化されている。まず首長に不満がある者がいればトゥーマウ・クランの代表に訴えることができる。トゥーマウ・クランはそうaした訴えに対して、2週間以内に会議を招集して、対応を協議しなければならない。また、トゥーマウが首長の退位を決定する際には他の首長クランからも意見を募る必要があるのみならず、最終的には集会所での合意を得る必要があるとされている。さらに、集会所が必要と認めた時にはトゥーマウ・クランが反対したとしても首長を退位させることができる。

　全体的に、「制度案」では集会所の役割が大きくなっていることがわかる。例えば、首長の指導といったトゥーマウ・クランの活動は集会所にて報告する必要があり、また、首長クラン会議の代表もまた最終的には集会所の合意を得る必要があるとされている。そして、首長と集会所のどちらが優先するかに関しては、首長もまた集会所の決定に従う必要があると明記された。他にも、トゥーマウ・クランが首長に対する不満に対応しなかった場合には、集会所が対応を決めることができると規定している。なお、集会所に関する規定としては、首長の選出に関する集会所での話し合いでは、45歳以上の男女が50人以上出席する必要があるとしている。ただし、具体的な話し合いの仕方に関しては

集会所でのやり方に基づくとされており、それがどういうものなのかは説明されていない。

　また、他にも「制度案」では規定が精緻化されている点を指摘できる。首長の候補者の選出であれ、その候補者の審査であれ、首長クラン会議での話し合いの際には、40歳以上でファカウアを有する男性年長者が6人以上出席する必要があると定められた。また、細かい日数も付け加えられており、例えば、首長の即位が合意された後、7日間以内にトゥーマウ・クランは即位儀礼を開催する必要があると明記されている。

　このように、「合意書」はトゥーマウ・クランを中心に首長の即位と退位のやり方を規定したものであったのに対して、「制度案」ではトゥーマウ・クランを中心にしたやり方を継承しつつも、それを集会所の島会議で補完することで、人々の意見を反映させるものになっている。

四　「とりあえず」の合意を目指して

　以上、ナヌメアで起きた2つの争いと首長制の成文化について説明してきた。1度目の島を二分する争いの後である1999年につくられた「合意書」では、トゥーマウ・クランの役割を明確に規定することで首長制をめぐる問題の解決を目指していた。そして、2度目の争いの後である2003年につくられた「制度案」では、トゥーマウ・クランの果たす役割を集会所で補完するようになっていた。

　1度目の首長ノアをめぐる争いで、反対派が集会所でシチアの即位儀礼を強行してしまい、結果として2人の首長が並立する異常事態へと発展してしまった。そのため、「合意書」ではまずはこれまであいまいであった首長の選出方法を明確に規定する必要があった。その際に首都在住のナヌメア人が重視したのが、トゥーマウ・クランであった。人類学者キースによれば、1957年の廃止以前において首長クラン会議が首長の即位と退位に関するまとめ役であったというが、1986年に復活した首長制では、首長クラン会議ではなくトゥーマウ・クランが重要な役割を果たしていたと報告している。「合意書」において、首

152

第6章　首長制の成文化

長クラン会議ではなく、トゥーマウ・クランの役割が重視されていた背景は、こうした政治的な動向を素直に反映したものであると考えられる。しかし、首長ノアをめぐる争いにおいて、集会所と首長のどちらの意見が重視されるべきかが争点の一つとなっていたが、「合意書」はそれに関して規定することはなかった。

　２度目の首長ライナをめぐる争いにおいては、トゥーマウ・クランと島の人々の意見の乖離が問題となっていた。すなわち、トゥーマウ・クランが人々の反対に耳を傾けずに、即位を強行し、また、その後も一貫してライナを擁護していたため、問題が大きくなってしまったのである。こうしたことから、トゥーマウ・クランを中心とするやり方に対して不満を持つ者も多かった。この点を踏まえて、「制度案」では、いかに島の人々の意見を幅広く聞くかが求められていた。そして、首都在住のナヌメア人はこの役割を果たすものとして、集会所での島会議を重視した。具体的には、「制度案」では首長の即位と退位をトゥーマウ・クランが単独で決定するのではなく、他の首長クランと島の集会所での合意を必要とすることが明記された。また、トゥーマウ・クランに頼らなくとも、集会所の合意があれば首長を退位させることが可能になった。こうして、「合意書」において重視されていたトゥーマウ・クランの役割は「制度案」では低下し、代わって集会所の役割が大きくなっていた。さらに、「合意書」では扱われていなかった首長の役割についての規定も盛り込まれ、首長の意見よりも集会所での決定を重視することが謳われた。ただし、首長の即位に関しては集会所の同意が必要という条件があるものの、基本的にトゥーマウ・クランが担うという点もまた確認された。

　「制度案」における集会所の重視は、ツバル国内における伝統的な政治の見なおしと軌を一にする。ツバルでは、1997年に制定されたファレカウプレ法により、選挙で選出されたカウンシルに代わって、地方自治に関するすべての事がらが集会所での島会議での合意に委ねられるようになった。同法が制定されたのは1997年なので、首長ライナの争いの時には制定からすでに５年経過し、島の地方自治がそれに基づいて運営されていた。集会所を重視したのもこうした状況の変化のなかに位置づけることができるだろう。

153

首都在住のナヌメア人は、トゥーマウ・クランの者が多いといわれるが、も
しそうだとしても、「制度案」にみられるように、必ずしもトゥーマウ・ク
ランの影響力を増大させるように動いてきたわけではない。むしろ、彼らはその
時々のナヌメアの政治的な状況に合わせた成文化を目指してきたといえる。首
都在住のナヌメア人がホームランドでの政治的な状況に対して与えることがで
きる影響力は限られている。そのため、彼らの提案も自らの意見を提示すると
いうよりも、その時々の状況において最も有力な意見をまとめることに注力し
たのである。そうした成文法を起草することで、ホームランドのナヌメア人が
受け入れやすいやり方を提示していったのであろう。実際、「合意書」も「制
度案」も新しいやり方を提示するというよりも、その時々で、ナヌメアにおい
て最も妥当だと思われるやり方を成文化したものであるととらえることができ
る。彼らの目的は、彼らが考える首長制をめぐる「真実」を提示するというよ
りも、実際に今、ナヌメアにおいて「真実」であると思われているやり方を成
文化することで、「とりあえず」の合意を形成しようとしたものであるといえ
る。

　こうして、首長制をめぐる2つの争いを経て、内容は変化しつつあるが、成
文法自体は精緻化し、現状に合わせて改正されてきた。そして、「制度案」は
ナヌメアに送られて、島の集会所でその是非について話し合われ、2003年5
月にはそれが首長制の公式なやり方であると合意された。これで少なくともし
ばらくの間はこの首長制のやり方でやっていくはずであった。しかし、実際に
は、ホームランドのナヌメアの人々はこの成文法とは異なる首長制を実践する。
この点に関しては、第8章で検討する。まずは次章でホームランドであるナヌ
メアのナヌメア人の「真実」の探求をみていこう。

154

第四部

実践する──ナヌメアにて

扉写真:即位儀礼に向かう首長タウエー

第 7 章

調査を始めた元調査助手

　これまで、第二部では西洋人研究者による探求について、第三部では首都フ
ナフティ在住のナヌメア人による探求についてそれぞれ記録と合意に注目して
検討してきた。第四部では、ホームランドであるナヌメア在住のナヌメア人に
よる探求について検討していく。ナヌメア在住のナヌメア人の探求の特徴は、
それが神話や首長制をめぐる実践と不可分である点である。本章では、第 4 章
で取りあげた人類学者キース・チェンバースの元調査助手であるライナという
男性の探求を検討する。彼はキースの帰国後、自ら調査を実施することで「真
実」の神話を明らかにし、さらに自らが首長となることでそれが「真実」であ
ることを「証明」しようとした。本章ではライナを事例に、ナヌメアの人々が
いかに神話や首長制を実践するなかで「真実」を探求しているのかを明らかに
する。彼が目指した「真実」の「証明」には、首長のカタをめぐる考え方が大
きく関わってくる。カタとはオセアニアでマナと呼ばれてきたものである。そ
のため、本章ではまず、首長のマナについて簡単にまとめた上でライナの探求
について説明していく。

157

一　首長のマナ

　1997年に出版の『今日の首長（*Chiefs Today*）』でリンドストロームとホワイトは、オセアニアの首長制は伝統的な政治体制から近代的なそれへと至る過渡的な形態で、近代化とともに消え去ってしまうとされてきたことを批判し、脱植民地化と近代国家の中でむしろ首長の存在感が増大してきたと論じた[Lindstrom and White 1997：1-3]。首長は近代国家の中にありながらも伝統的なものによってその正統性が保証され、伝統と近代あるいはローカルな社会と国家との複雑で錯綜する関係の中で特別な地位を占めてきたという[Lindstrom and White 1997：3-5]。民主化運動が支持を集める一方、首長らが依然として大きな力を保持し続けている現状に鑑みると、出版から20年経った現在でも、同書は脱植民地化以降のオセアニアの首長を語る上で重要な参照点となりえるだろう。

　首長を近代国家の中に位置づけて考察する『今日の首長』の議論は現在でも重要性を失っていないが、それによって今日の首長のすべてが説明しつくされているわけではない。例えば、同書には首長が持つ神秘的な力であるマナ（*mana*）についての言及がほとんどない。また、かつての首長が間接統治を目論む植民地支配側と現地社会の結節点であり、今日の首長がローカル社会と国家あるいはグローバルを仲介すると論じられるが[Lindstrom and White 1997：3]、そこに首長が神々と人々の媒介であるという「伝統的」な首長像が加えられることもない。こうした記述の不在から、今日の首長がすでに近代国家の中で「脱神秘化」[Marcus 1989：196]していると読者が推測しても不思議ではない。

　しかし、首長のマナがなくなり、彼らが脱神秘化しているかというとそうではない。現在でも、オセアニアの諸社会では、首長の神秘的な力が息づいているし、首長は人々と神々を媒介するという考え方も根強く残っている。それらをとらえる上で、マナは現在でも有効な概念であり続けている。今日の首長をとらえるためには、近代国家の中にありつつも神秘的な力を依然として保持し

ている姿をこそ明らかにする必要があり、そのためにマナに注目することは有用であろう。

ポリネシア、メラネシア、ミクロネシアという地理的区分を超えて、マナはオセアニアに広くみられる概念である。マナを初めて西洋世界に広く知らしめたコドリントンは、メラネシア人はマナと呼ばれる「超自然的な力（power）あるいは影響（influence）」をめぐる信念に取り憑かれており、マナは人間による働きかけや自然現象を超越してすべてのものごとに働きかけると記した[Codrington 1891：118-119]。

その後の民族誌的研究で、マナは具体的な「効果（effect）」に重きが置かれていることが報告されてきた。例えば、ファースはティコピアでは人々はマナ（マヌ）を一般化して語ることはなく、降雨、作物の生育、病気の治癒などの具体的な事象と関連づけて説明すると指摘した[Firth 1940：497]。マナは自然現象、岩や川などの自然物、槍などの人工物に宿るとされることもあるが、ここでは首長のマナをとりあげる。マナは神々に由来し、首長らは神話の中で神々へと系譜関係をたどることが可能であることから、首長らは神々からマナを継承しているとされる[van der Grijp 2014]。首長のマナは病気の治癒や戦争の勝利などのように多様な「効果」をもたらすが、ショアによれば根源的には生命を育てる力であり[Shore 1989]、豊穣性[Hocart 1927；Firth 1940；Claessen 2000；Feinberg 2002]や食料の豊富さ[Howard 1985]などとしばしば結びつけられてきた。

どのような「効果」をもたらすにせよ、具体的な「効果」を重視する傾向は生得的な要素に基づくと考えられてきたポリネシアの首長制が獲得的な側面を帯びる背景にあると論じられてきた[Howard 1985；Shore 1989：138；Feinberg 2002：15]。サーリンズによれば、首長は系譜関係を基に継承される生得的な地位で、同じく系譜的に継承されるマナによって自らの支配が正当化されるという[Sahlins 1963][1]。しかし、多くの民族誌的な調査が明らかにし

---

1)　これは典型的首長像で、サーリンズ自身も論じているように、ポリネシアの首長制は階層的なものから平等主義的なものまで多様である[Sahlins 1958]。また、マーカスも同様にキングリ（kingly）とポピュリスト（populist）に分類しつつも、この2つの側

たように、首長制は確固たるルールに従っているわけではなく、実際は首長の地位の継承において獲得的な側面もみられる [Douglas 1979]。マナはまさにこの生得的な側面と獲得的な側面が複雑に交差するただ中にある。マナは首長らの正統性を裏づけ、既存の社会的地位の再生産に寄与する一方で、その「効果」が現れなければ首長の地位を脅かすなど [Firth 1940；Hocart 1927]、既存の秩序を不安定化する要因にもなる。

　マナの「効果」が首長の地位の正当化に寄与する背景には、それがオセアニアの認識論と関係している点が指摘されてきた。例えば、ショアはこの点について、固有の本質ではなく、ある特定の文脈における具体的で知覚可能な「効果」を通してものごとについて知ることができるという「ポリネシアの認識論的バイアス」を見出す [Shore 1989：138]。これに関して、フィジーではマナやその「効果」が「真実」、「正しい」、「本当」などといいかえられてきた点は興味深い。ホカートによればマナは「効果」を意味し、「真実（true）」と「正しい（right）」を兼ね備えたディナ（dina）という単語とほぼ互換的に用いられるという [Hocart 1914：98]。春日直樹によればマナは「『本当』（dina）のものの開示」であり、「マナが『本当』だということは、根拠づけや真偽の問題を一挙に消し去って、ただ服従の必然を運び入れる」という [春日2009：151-152；cf. 春日2002]。こうして、マナの「効果」はオセアニアの認識論や真実観と結びつきながら、首長を正当化するように働くといえるだろう。

　しかし、マナの「効果」は首長を正当化する重要な要因ではあるが、首長制のすべてがマナの「効果」のみによって決定されるわけではない。例えば、ホカートはフィジーにおいて、不作が続いていたとしても首長の正当性に必ずしも疑問が投げかけられるわけではないというような例を報告しており [Hocart 1927]、首長の正当性はマナの「効果」のみに依拠しているわけではない。「効果」と「真実」との結びつきもまた単純ではない。ホカートがいうように「効果」と「真実」はほぼ互換的に用いられるのであり [Hocart 1914]、実際には「効果」はあるが「真実」ではない、「真実」であるが「効果」がな

面はすべての首長に多かれ少なかれみられると論じている [Marcus 1989]。

160

いとされることもある［Tomlinson 2009：65-70］。ファースがティコピアの
マナを例に真実は主張された結果（result）からの推論（inference）であると
説明しているように［Firth 1940：502］、マナの「効果」も多様な解釈に開か
れている。また、コドリントンによれば、そもそもマナは確固たるものとして
存在するというよりも、その存在が「証拠（proof）」によって確かめられるも
のである［Codrington 1891：119-120］。そうであるならば、マナの存在やそ
の「効果」を絶対視してそれを首長の獲得的側面に短絡的に結びつけるのでは
なく、個々の状況においてマナとその「効果」がどのように解釈され、それが
首長の正当化とどのように関係するのかを検討していく必要がある。

二　調査

　それでは、ライナの探求についての説明に移ろう。ライナは、1950年代にナ
ヌメアに生まれ、ツバルと同じイギリスの植民地を構成していたギルバート諸
島タラワ環礁にある船員養成学校を卒業した後、インド、オーストラリア、日
本などを繋ぐ海運会社のコンテナ船で数年ほど働いた。その後、ナヌメアに帰
郷したところで、漁撈に関する調査をするために英語が堪能な若い男性を探し
ていたキースらによって調査助手として雇われた［Chambers and Chambers
2001］。ライナは、1973年から75年にかけての2年間をはじめ、その後のキー
スらのフィールドワークにも欠かさず協力した。また、彼は漁撈のみならず神
話に関する調査にも同行しており、前述の神話①の聞き取りにも同席している
［Chambers 1984］。調査助手とは、現地社会と外部社会とを仲介する者であり、
伝統と近代の「ハイブリッド」な特徴を持つ傾向にあるといわれており
［Turner 2010：207］、ライナの外国船乗組員としての経歴や彼の語学能力は
その「ハイブリッド性」を示しているといえる。ただし、外国船乗組員として
働く男性は当時のナヌメアにおいても珍しいものではなく［小林 2010］、ライ
ナの経歴は決して特殊なものではない[2]。

　2）　これまで調査助手は人類学的調査の「ゴースト・ワーカー」［Turner 2010］であ
　り、「人類学の隠れた植民地主義」［Sanjek 1993］を体現する者とされてきた。しかし、

キースらの調査助手として働いた後、ライナは島唯一の商店である生協の店舗で働き始めたが、数年後にはツバル国内を就航する国営の貨客船の乗組員として再び船乗りになった。そして、1990年代末のある日、ライナは転機を迎えた。ナヌメアで休暇を過ごしていた彼は、父から自らの家族に伝わる神話を教わった。ナヌメアでは親子関係を初めとして親族間を中心に神話が伝えられていることから、このことは特筆すべきことではないようにみえる。しかし、それは、当時のライナにとっては重大な意味を持っていた。なぜなら、彼の父は、神話に関して教えてほしいと頼んできたキースに対し「何も知らない」と断っており、彼自身も自らの家族にそのような神話が伝わっていることを知らなかったからである。「なぜ、今まで黙っていたのか」というライナの質問に対して、父は「なぜ、白人（*palagi*）に自分たちの神話を話さなければならないのか」と返答したという。さらに、彼は父から教わったものがこれまでキースの調査を通して知りえたどの神話とも異なることに衝撃を受けたという。これを受けて、ライナは神話について独自に調査を始めた。

　ライナの調査は、集中的な聞き取り調査ではなく、系統立てられていない散発的なものであった。このことは、彼が職業的な調査者ではないことからすれば、至極当然のことといえよう。国営の貨客船の乗組員として働いていたが、ナヌメアに滞在中には、饗宴、冠婚葬祭、協働作業などで人々が集まっている時や、何か用事があって他の家を訪ねている時など、日常生活のなかでさまざまな機会をとらえて、年長者たちから神話について聞いたり、質問したりして、さまざまな情報を集めていったという。また、仕事がら、他の島に赴く機会も多かったことを利用して、寄航先の人々からも情報を集めていた。

　いかに散発的とはいえ、自らの行為を調査（*sukesukega*）として位置づけて、意識的にそれを実行していった点は、職業的な調査者である人類学者キースの

　人類学者を搾取する者、調査助手を搾取される者という関係でとらえるこうした指摘は、ライナの事例には当てはまらないようにみえる。たしかに、調査助手としてライナは人類学者に対して情報や知識を提供していただろうが、その一方で、彼は伝統に関する知識を獲得する機会に恵まれたと述懐しており、それがライナの社会的な地位の向上に一役買っていると考えられる。とするならば、元調査助手ライナの調査は人類学者と現地社会との間に位置づける必要があるだろう［cf. Temple and Edwards 2002：11］。

下で働いていた経験が大きく作用していると思われる。とはいえ、それをもっ
て彼の調査をすべて人類学者の影響として片づけてしまうことはできない。ラ
イナの調査方法の要である年長者からの聞き取りはまさにキースが行った調査
方法と同じであるといえるが、それはライナがキースのやり方を学んだという
よりはナヌメアで最も一般的な知識の獲得方法を両者が踏襲した結果であると
考えられる。私のフィールドワーク中においても、女性や若者にいろいろと質
問しようとすると男性年長者に尋ねる（*fesili ki toeaina*）よう促されることが
多かった。

三　知る方法

1　「真実」の神話

　こうした調査によって、ライナは以下のような「真実」の神話を「知る（*ko
iloa*）」に至る[3]。この神話に関してはすでに第5章で紹介していたが、ライナ
の神話のテクストを本章においても詳しく分析するため、ここに再録しておく。

神話⑤

パイとバウを追い払ってナヌメアを手に入れた後、テホラハは一度トンガに
戻り、フィネハウという名の女と結婚した。再びナヌメアに赴いたが、しば
らくして今度はサモアに向かい、プレアラという名の女と結婚した。さらに、
テホラハはナヌメアにてラウキテという名の精霊を3人目の妻として迎えた。
3人の妻からそれぞれ子どもを授かったが、テホラハはフィネハウの子ども
であるトゥータキ、ラベンガ、フィアオラにそれぞれ重要な役割を与えた。
トゥータキが海の首長として首長の旅行を司り首長の不在中に島を治めると
いう役割を持ち、ラベンガが戦いの首長として島外からの侵略者と戦う役割
を持つ。そして、フィアオラが即位する首長として首長に即位する。フィア

3）　2008年に行った筆者による聞き取り調査に基づく。いつごろこの神話が確立された
かは彼自身定かでなかったが、調査に数年ほど費やしたと私に対して語っていたことか
ら、2000年代初めにはこのかたちになっていたと考えられる。

オラの子であるテイロとテパーの異母兄弟によって首長の系統がアリキ・ア・ムアとアリキ・ア・トゥアに二分した。

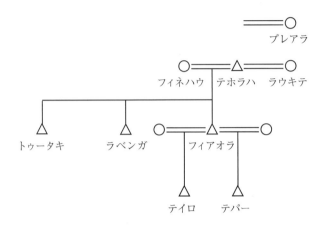

図7-1　神話⑤における系譜関係［筆者作成］

　第5章でも説明したが、ライナの神話をキースの記録した神話①、神話②と比較してみよう。3つの神話に共通するものとして、テイロとテパーによって首長が2つの系統に分かれる点、トゥータキ、ラベンガ、フィアオラという名の三兄弟が登場する点などをあげることができる。しかし、神話①、②ではともにこの三兄弟の順はトゥータキ、フィアオラ、ラベンガである。また、神話①はラベンガが首長の系統とされ、神話②は三兄弟は首長の補佐役に過ぎない。私が知る限り、フィアオラが首長の系統とされる神話はライナの語ったもの以外にはない。他の特筆すべきこととして、首長の監督役が存在しない点がある。キースが聞き取った神話①と②はともに、監督役クランに属す者の語りであり、内容をみても結局のところ首長を監督するクランを正当化する神話であった。一方、ライナはアリキ・ア・ムアに属しており、その神話には首長の力を制限する監督役となる者は登場しない。

　この神話に依拠するかたちで、ライナは「真実」の首長のあり方を見出して

いく。彼のいう「真実」の神話には、首長の監督役が存在せず、首長が持つ政治的な影響力を抑制する者がいない点が特徴的であった。この点から彼は、ナヌメアの首長は、島の人々の上に君臨する「王」と解釈していく。自らのいう「真実」の首長のあり方に関して、ライナは以下のように説明していた。

> ナヌメアの首長は、島のなかで絶対的な影響力を持つ王（*tupu*）である。何人も彼に命令することはできない。なぜなら、彼こそが人々に命令する者であるからだ。さらに、彼の命令は絶対である。なぜなら、彼こそが、テホラハの子孫であり、島の真実の支配者であるからだ。彼が発した言葉が、そのまま法となるのである。

前述したとおり、ナヌメアの首長には、政治的な発言権がほとんど認められておらず、その影響力の行使は島の平和のために限られる。これに対して、ライナのいう「真実」の首長のあり方は、その政治的な権力が全面的に認められる点で対照的である。もっとも、ナヌメアにおいて強力なリーダーシップが求められていないかというとそうではない。ナヌメアを含むツバルにおいては、平等主義とヒエラルキーという2つのイデオロギーの「緊張状態」にあり、一方で人々は皆が平等であることを望み、他方で強力なリーダーシップが発揮されて物事がよどみなく遂行されるよう望んでいる［Besnier 2009：76］。とするならば、正確にはライナのいう「真実」の首長のあり方は、リーダーシップをめぐる両義的な理想像の片方のみを極端なかたちで表したものであるといえる。

2　神話を知る方法

それでは、ライナがどのようにして、何が「真実」の神話であるのかを明らかにしていったのか、その過程について考えていきたい。まず指摘したいのは、彼の調査の出発点となっていたのが、自らの父から教えてもらった神話であり、それがその後の調査を方向づけていた点である。具体的には父からテホラハの第1の妻フィネハウとその子どもたちであるトゥータキ、ラベンガ、フィアオ

165

ラの三兄弟および彼らの役割について教えてもらっており、これらの情報は私がライナから聞き取った神話において最も重要な要素であった。

しかし、それ以外の箇所については、父からは断片的な情報しか得られなかった。そこで、彼の調査は父の神話の欠落を補う方向に進む。調査助手としての経験から、神話①も②もテホラハには複数の妻がいると言及されていることを知っていたライナは、父の神話は他のものと比べて、テホラハの妻に関する情報に乏しいと考えた。私が聞き取ったライナの神話では、計3人の妻が登場しているが、第1の妻であるフィネハウ以外の妻についての情報は父からではなく、ナヌメアの年長者からの聞き取りによって補ったものである。

この点に関して、ライナは以下のように語ってくれた。「神話に関する調査をしていくなかで、フィネハウ以外の妻が誰なのかわかった。しかし、首長の系統はフィネハウの子どもであるため、彼らの子どもは首長のために仕事をするという役割を与えられていたと考えるのが妥当であると考えた」。神話①においてはプレアラとの間に生まれた子どもが、神話②においてはラウキテとの間に生まれた子どもが首長となるべくテホラハから命じられていた。しかし、ライナの神話では彼女たちは首長の系統を生んだ母ではないと位置づけられている。こうしてライナは情報の欠落を補いながら、同時に他の神話の「真実」を否定することをも同時に進めていく。

さらに、ライナは調査を進めていくうちに、父の神話の欠落を補うだけでなく、それが「真実」であることを示すような情報を得ていく。そのなかで最も重要なのは、彼の神話の核となるフィアオラこそが首長の系統であるという点を、マルルとタウリアリアという年長者から確証を得ていたことであろう。両者はともに私の調査時にはすでに亡くなっていたが、ライナの調査時においては、最も尊敬を集めていた年長者であるといわれている。他にも、ナヌマンガ島[4]の年長者から聞き取っていた戦いの首長であるラベンガの子孫についての神話も父の神話が「真実」であることを裏づけるものであった。ナヌマンガ島

---

4) ナヌマンガ島は、ツバルを構成する島の一つで、ナヌメアの東南約70km に位置する。距離的な近接性から、両島は植民地化以前においても交流がみられ、ナヌメアの多くの年長者はかつてナヌマンガはナヌメアの支配下にあったと主張する。

の神話によると、ラベンガの子孫は戦いに優れていたため、首長の警護役として重要な役割を果たしていたといい、これは彼らが即位する首長の系統ではなく、戦いの首長であることを示す証拠であるという。

　ライナが得た「真実」を裏づける情報は、神話だけに留まらなかった。彼は、他の年長者から、首長の名前の意味について有力な情報を得たという。それによると、ラベンガはツバル語で「付着させること (*fakalavega*)」を意味し、それは転じて争いを鎮めることを意味するものである。一方のフィアオラは、「生きたい」という願望を意味し、すべての人々が首長のカタ (*kata*) によって生かされているということを示すという。こうしたことは、ラベンガの子孫が、神話①で示されるような首長の系統ではなく、争いを鎮めるという首長の補佐役であること、また、フィアオラの系統が即位する首長の系統であることを示すものであるという。

3　「真実」を裏づけるもの

　ライナは多様な情報を収集し、それらをうまく組み合わせることで「真実」の神話が明らかになると考えていた。キースの民族誌には、複数の神話のバリエーションを組み合わせることで、「真実」の神話が何かを見出そうとする話が紹介されているが [Chambers 1984]、ライナの調査では神話のみならず、他のさまざまな情報源をも統合している点が特徴的である。ただし、彼自身、私のインタビューに対して「（そうした調査によって）父から教わったことが真実であることがわかった」と語ってくれたように、結果的には父から聞いた神話を裏づけていたといえる。この点をもってライナの調査の意義を否定するのは簡単である。しかし、父の神話を裏づける結果になっていたとしてもそこにナヌメア人特有の「知る方法」を読み解くことも可能である。つまり、ここで注目すべきなのは、どのようにしてライナが自らの神話が「真実」であることの裏づけを図っていたのかという点である。

　ゲゲオらは、ソロモン諸島クワラアエ社会の人々による知識の構築が「伝統的な言説を通したコミュニケーションによって媒介され、真実をめぐる言説によって係留され」ていると指摘する [Gegeo and Watson-Gegeo 2001：58]。

ライナの事例においては、クワラアエ社会のように共同体内での対話的な構築というよりは個人的な調査ではあったが、「真実をめぐる言説」に「係留」されていたという点に関してはまさにあてはまる。

　ナヌメアでは「知識（*iloga*）」は「言葉（*muna*）」や「聞いたこと（*logo*）」ともいい表され、なにかしらの知識は言語化されうると考えられている［Chambers 1984：236-239］。言語化された知識は、例えば、人名などのように断片的な形態として現れる。ナヌメア人は子どもが生まれた時の社会的な状況やその場所をとって命名することもあり、そうした人名は歴史的な事実を示すものであるととらえられている。先述したライナがラベンガやフィアオラという人名の意味論から自らの神話の正しさを裏づけていったのには、こうした考えが人々に共有されているからこそ成立すると考えられる。

　本書が主題としてきた神話もまた、言語化された知識の一つであり、通常は神話それ自体が重要な知識として認められている。しかし、テホラホに関する神話については、それをめぐる争いが絶えないため、「真実」として自動的に認められるわけではない。ある神話が「真実」とされるためには、それが人々に信頼される年長者から教わったものでなければならないとされる。この背景には、ナヌメアにおいては、ある発言の真偽はそれが誰の発言であるのかが重視されるという点がある。ライナが聞き取りをしたタウリアリアやマルルといった年長者は、1980年代から1990年代当時、神話①の語り手タキトゥアや神話②の語り手テポウと同様に尊敬を集めていた人物であった。このような尊敬を集める年長者を情報源とすることは、ライナの神話が「真実」であることを担保するものである。

　さらに、神話が「真実」とされるためには、それが「完全」でなければならない。第5章でも説明したように、ツバルでは、「真実である（*tonu*）」ことは「完全である（*katoatoa*）」ことと同義であるとされ、ある知識が「真実」であるとされるためには、それは「完全」でなければならず［Besnier 2009：124］、「部分的」であることは「真実」ではないことを意味する。この完全性に関して話す時に、人々はさまざまな質問に対してすぐに明確に答えられることをその具体例にあげることが多い。つまり、どんな質問にも答えることができれば、

168

第7章　調査を始めた元調査助手

それは「完全である」とされるのである。神話についての知識が「真実」であるためには、余すことなくそれについての出来事や系譜関係を知っていなければ「完全ではない」とされ、それが「真実」であることが否定される。

　ライナの調査では、自らの神話を「完全」なかたちにしようとしていたと考えられる。当時、神話①と②が有力視されていたことを考えるならば、父の神話に対して、テホラハの妻が複数人いることや、プレアラやラウキテという名前の妻の存在について質問される可能性が高い。しかし、ライナが行ったように他の神話の要素をも取りいれてしまえば、そうした質問に対する明確な答えを提示することが可能である。さらにそれは、自らの神話の方が他の神話よりも「完全」なものであり、そしてそれはより「真実」に近いと認められるように作用する。

　このように、ライナのいう「真実」の神話は、人名の意味、尊敬を集める年長者からの聞き取りであること、「完全」であることなどのナヌメアにおける「真実」の裏づけに依拠していたのであり、その意味で彼の調査はナヌメアという一つのローカルな社会のなかに埋め込まれていたということもできるだろう。しかし、興味深いことに、ライナはこうしたナヌメアにおけるいわば伝統的な「知る方法」に基づきながら調査を進めることで、逆説的に、既存のものとは異なる首長のあり方を「真実」として見出していったのである。

四　「証明」

1　「真実」の実践

　やがて、自らが首長となることで、ライナに「真実」の神話に基づく「真実」の首長のあり方を実践する機会が訪れる。首長ライナの即位とその顛末に関してはすでに第6章にて詳述したので、ここでは関連する事がらの確認に留める。2002年8月に首長ファライレが老齢を理由に退位し、新たな首長選びが始まった。トゥーマウ・クランがアリキ・ア・ムアに打診すると、同クランは代表であったライナを首長として推薦するとトゥーマウに返信した。これを受けて開かれたトゥーマウの会議では、反対意見も出たが、ライナを首長に即位

169

させると決定した。集会所での話し合いにおいても反論が多かったが、トゥー
マウが押し切るかたちで、2002年10月半ばにライナの即位儀礼を集会所で敢行
した。なお、即位するまでライナはトゥーマウを中心とする従来のやり方に
従っており、彼の性格や人となりが批判されていたが、彼は自らが考える正し
い神話や首長のあり方を主張することもなかったため、この点に関して問題視
されることはなかった。

　即位儀礼が行われた後、ライナは「王」としての首長を実践し始めた。島会
議は男性年長者の合意を基本としており、首長が発言することはほとんどない
が、ライナは招集した島会議で一方的に人々に命令した。なかでも村落の双分
組織の一方の代表であったシオネという年長者を島の基金の私的流用で糾弾し
たことが、双分組織間の対立を生み出し、島を二分する争いへと事態は悪化し
た。この時の争いはほとんどの場合は両陣営のにらみ合いであったが、それに
よって年末から年始にかけて行われる島最大の饗宴が開かれなかったことが大
きな問題であった。これにより人々の不安と不満が高まっていき、年が明けた
2003年1月に首都在住のナヌメア人年長者らはツバル政府官僚らとともにナヌ
メアに調停に向かった。彼らはライナとシオネがともに役職を降りることを提
案し、これが両陣営に認められることで事態の解決をみた。また、今後もトゥ
ーマウが人々の意見を聞きながら、首長を適切に監督することで合意され、ラ
イナのふるまいは首長として適切ではなかったと結論づけられた。こうして、
ライナの首長在位期間はわずか3ヶ月で終わった。

　ここで、ライナが在位した3ヶ月の間、一貫して他に類をみないほどの豊作
と豊漁をみたことに触れておかねばならない。当時のことを想起する者のすべ
てが、この時の豊穣性については一致していた。天候に恵まれ、かつてないほ
ど大量にココナツやパンノキ、タロイモが実を結んだ。また、外洋であれ礁湖
であれ、漁に行った者は例外なく大量の魚を手にして帰ってきた。海と陸の両
方で島がかつてないほど豊かであったが、なかでも人々の好物であるシャコガ
イの変化は目を見張るものであった。乱獲によって外洋側に小さなシャコガイ
がわずかに存在していただけであったが、ライナの即位直後から大型のシャコ
ガイが礁湖内に押し寄せてきたという。

170

2 「真実」の「証明」

ライナが「王」としてふるまい、それによってナヌメアを二分する争いが起こった一方で、島のあちこちで類まれな豊穣性が現れていた。注目すべきは、ライナのふるまいに端を発したこの争いにおいては、豊穣性をどのようにとらえるのかが重要な争点となっており、対立する両陣営がそれぞれのカタの「効果」の解釈を主張していた点である。

第1章で説明したとおり、一般的にナヌメアでは首長にカタがあり、彼のふるまいがいいと島が祝福され、豊穣性という「効果」が現れるとされる。反対に、首長にカタがないか、首長のふるまいが悪いと島が呪われ、不漁や凶作に見舞われるという。ただし、実際に不漁や凶作が続いた時には首長のカタの不在やふるまいの不適切さと結びつけられるが、豊穣性が現れた時には首長のカタやそのふるまいの結果として説明されないこともある。例えば、筆者の滞在中の2006年10月には、不漁と水不足が続くのは首長の不適切なふるまいが原因であるという噂が広まり、首長の交代を求める声があがった。他方で、2008年11月に突如カスミアジの幼魚（*lupo*）が大群で浜辺に集まり、2週間ほど大量の釣果を得たが、首長のカタの「効果」と語られることはなく、なぜ魚が集まったのかわからないというだけだった。

この点から、豊穣性が現れれば、自動的に人々がそれを首長のカタやふるまいと関連づけて解釈するのではなく、積極的に双方を関連づけて主張することによって2つの結びつきが立ち現れてくるといえよう。この点に関してライナは「魚がたくさんとれたのは、自分が正しいと神が祝福してくれたからだ」と主張し、豊穣性を基に自らの言動の正当化を図っていた点は注目に値する。さらに、筆者のインタビューに対して、ライナは「首長になって人々に命令し、島が祝福されれば、そのやり方が正しいことが証明（*fakatalitonu*）されると考えていた」と説明していた。この主張を文字どおりに受けとるならば、彼は自らのいう首長のあり方が正しいことを「証明」するために首長になったと受けとることができる。これについてはより詳細な検討が必要だが、少なくとも彼は豊穣性がみられたことは、彼の首長としてのふるまいが神の祝福を得た正しいものであることを人々に認めさせるものであると考えていたことはたしか

である。すなわち、正しい首長制のやり方をすればカタが豊穣を呼ぶのならば、豊穣性が現れればその首長にはカタがあり、そして彼の言動が正しいことが「証明」されるというのである。

　ライナが積極的に豊穣性を主張した背景には、彼が主張する神話と首長のあり方が島の人びとに受け入れられていなかったという点がある。具体的な系譜関係は忘却されてしまっていることが多いなか、ライナはテホラハと父系的な系譜関係を具体的にたどることができるため、カタがある可能性が高いと考えられていた。しかし、彼が自らの首長のふるまいの根拠とした神話のバリエーションは、ナヌメアの人々にはほとんど知られておらず、ライナのふるまいが神話的な裏づけがあると人々によってとらえられているわけではなかった[5]。それに加えて、彼の首長としてのふるまいはこれまでの首長のそれとは異なったものであり、平等主義が強いナヌメアでは、ライナがしたような人々に対するあからさまな命令は避けられることが多い。ライナ自身も自らの神話と首長のあり方が人々に広く受け入れられていないことに多分に自覚的であった。そして、だからこそ、彼は自らが首長の時に豊穣性が現れたことを強く訴え、人々に自分の主張が正しいことを認めさせようとしていたのだと考えられる。

　よって、こうした背景にもかかわらず、ライナを支持する者が一定数存在したのには、目にみえるかたちで豊穣性が現れたことはライナが正しいことを意味するという主張が受け入れられたことが大きく関係していたと考えられる。ライナに賛同した年長者の多くは、最初は発言する首長は不適切だと考え、彼の言動は横柄（*fia pule*）だと批判的であったが、豊穣性を目の当たりにして彼のやり方が神の祝福を受けた正しいものであることが「明らか（*lavea*）」になったという。この「明らか」という語は「目にみえる」という意味を併せ持ち、ライナの正しさが「明らかになった＝目にみえた」ことを意味する。そして、賛同者の多くが、豊穣性はライナの正しさを目にみえるかたちで表す「証拠（*fakatalitonuga*）」であると主張していた。

　5）　なお、ライナは自らの伝承する神話を人びとに訴えかけてきたが、復活以降、実践されてきた首長制の裏づけとなってきた神話①とかなり異なっていたこともあり、現在に至るまで、それは常に異端として扱われてきた。

172

第7章　調査を始めた元調査助手

ライナの証明において「真実」を最終的に担保するのは神であり、それは超越的な存在による「真実」の「開示」であると呼びうるものであろう。すなわち、人々が「真実」を知るというよりは、「真実」は神によってもたらされるものであり、人々はその「開示」された「真実」を受け入れなければならないというのである。

3　カタの「効果」をめぐって

他方で、この時の豊穣性は、ライナに反対する者にとっては問題（*fakalavelave*）だった。ライナに反対する者は、彼のふるまいがナヌメアの伝統的な首長として適切ではないことなどを主張していたが、人々を説得する上で重要だったのは豊穣性がライナを正当化するわけではないという点を明確にすることであった。というのも、豊穣性はライナの首長としてのふるまいが神の祝福を受けた正しいものであることを示すという主張が受け入れられつつあったからである。ある男性年長者はこの点について、次のように発言していた。「ライナが首長になった時に何も起きなければ、人々は彼のいうことに耳を傾けなかっただろう」。「しかし、彼が首長だった時に、天気に恵まれ、魚が大量に取れ、ココヤシが大量に実を結んだ」。彼は、豊穣性はライナが正しいことを示す「証拠」ではなく、人々を惑わす（*fakaloioloi*）ものであったという。

それでは、ライナに反対する者は豊穣性をどのようにとらえていたのだろうか。彼らもまたライナの即位時には島が豊穣であった点は認めていたが、豊穣性が現れたからといってそれが首長のカタやふるまいの正しさを示すものではないと主張していた。ライナに反対する者の多くが、人々が争い、対立してしまい、島が「幸福ではない（*he fiafia*）」から神の祝福を受けたとはいえず、よってライナの首長としてのふるまいは正しくない、豊穣性はライナが正しいことの「証拠」ではないととらえていた。例えば、ある男性年長者は、「争いが起きて、人々が幸福ではなかった。だから、ライナは正しくなかった。彼にはカタがなく、島は祝福されなかった」という。

島の「幸福（*fiafia*）」とは、食べ物が豊富で、争いがなく平和で、人々が楽しく暮らしている状況と説明される。首長が果たすべき役割は何かという点に

173

関してはさまざまな意見があり、ライナは「王」のように命令することである
といい、他の者は争いを収めることであるという。ただ座っているだけでいい
という意見もあり、豊穣性を呼ぶことだという意見も根強い。いずれにせよ、
ナヌメアの誰もが首長は上記のことをすべて満たす島の幸福のために存在する
という点では一致している。注目すべきことに、ライナに反対する者は島の幸
福を首長のカタや神の祝福と関連させて説明していた。すなわち、首長にカタ
があり、その言動が適切であれば神の祝福を受け、島が幸福になる。豊穣性が
現れることも重要であるが、豊穣性は幸福のための一つの要素に過ぎず、それ
だけでは神の祝福とみるには不十分である。ある男性年長者によれば「島が祝
福されれば、島のすべての側面で幸福になる。それがカタだ」という。よって、
彼らは島が幸福ではないので、ライナのいうことは「真実」ではないと主張し
たのである。

　前述の人類学者キースは、ナヌメアの首長のカタや祝福は豊穣性として現れ
るとしている ［Chambers 1984；Chambers and Chambers 2001］。現在でも
ナヌメアの人々に首長のカタについての一般化した質問をすると、豊穣性を招
くという回答が返ってくる。しかし、広くオセアニア全般において首長のマナ
は必ずしも豊穣性のみに限られたものではなく、病気の治癒や戦争の勝利、さ
らには幸福や平和、秩序の維持などのように多様な「効果」をもたらすと報告
されてきたほか ［Firth 1940；Shore 1989；春日 2002；van der Grijp 2014］、
近年でもオセアニア内外の多様な文脈におけるマナの多様な現れが論じられて
いる ［Tomlinson and Tengan (eds.) 2016］。また、そもそもナヌメアの首長
は島の人々のために存在するといわれており、広くポリネシアの諸社会でも首
長は人々の幸福を実現・維持するための存在とみなされてきた ［Firth 1940；
Claessen 2000；Feinberg 2002］。そうした点を考慮に入れるならば、ナヌメ
アにおいて首長のカタが豊穣性を超えて幸福というより広い「効果」を呼び込
むと主張されたとしても不思議ではない。

　いずれにしても、ナヌメアの人々は、首長のもつカタの「効果」を「真実」
の首長と関連させて、推論・解釈・説明している。そして、ある者はカタの
「効果」を豊穣性に求め、別の者はそれを幸福に求めるというように、カタの

174

第7章　調査を始めた元調査助手

「効果」が人々の立場によって様々にとらえられ、「真実」の首長のあり方、ひいては「真実」の神話が複数のバリエーションをもって現れてくる。カタの「効果」をめぐる解釈は時に論争を生むが、その「効果」は何らかの「真実」を示す証拠として重要な意味を持つのである。

　ナヌメアの人々は神話や首長の「真実」をめぐって争うだけではなく、ライナのように、何が「真実」の神話や首長であるのかを明らかにしようと調査を試みてきた。ライナはまず、「真実」の神話を明らかにし、そして、それを基に「真実」の首長のあるべき姿を見出していった。彼の調査はナヌメアというローカルな文脈において理解しうるものである。ライナはナヌメアにおける「知る方法」に基づきながら、「真実」の神話を明らかにし、そして、首長の超自然的な力であるカタの「効果」を利用してそれが「真実」であることを証明しようとしたのである。

　しかし、彼が明らかにしたとする「真実」の神話と首長制は、私の調査時において、ナヌメアのすべての人々を納得させるものには至ってはいなかった。また、彼の調査の後にも、さまざまな人々によって首長のあり方をめぐる探求が続けられている。とはいえ、当のライナはすでに「真実」が証明されたととらえており、第5章で取りあげた首都在住のナヌメア人とキースによる憲章委員会が2004年1月にナヌメアに来島した際には、自分の神話と首長制が「真実」であると訴えている。

175

第8章

首長になれない男の主張

　これまで、人類学者キース、首都在住のナヌメア人、そして、ホームランド
のナヌメア人による神話と首長制をめぐる探求を検討してきた。探求によって
それぞれの「真実」は明らかになったものの、ナヌメアの人々にとって確実な
「真実」を提示することには必ずしも成功していない。本章では、タウマヘケ
という男性年長者の神話と首長制をめぐる実践を取りあげて、なぜ「真実」の
探求が成功してこなかったのかについて検討する。

一　別の神話

1　伝承された神話
　タウマヘケは、1950年代にナヌメアに生まれ、1970年代から80年代にかけて
長らくバナバ島やナウル島などでリン鉱石の採掘業に携わってきた。その後、
1990年代にナヌメアに帰還してからは、漁撈やタロイモ栽培などの伝統的な生
業活動をしながら暮らしてきた。私がナヌメアで調査していた時、タウマヘケ
は積極的に島会議で発言する年長者として敬意を集めていたが、彼のいう「真
実」の神話は、必ずしも多くの者に知られているわけではなかった。私の聞き

177

取ったタウマヘケの神話（以下、神話⑥）をまとめると以下のとおりになる。

神話⑥
テホラハはトンガからパトゥキハウランギ（Patukihaulagi）という名のオジと一緒にナヌメアに来た。テホラハの子どもが首長になるのに対し、パトゥキハウランギの子どもは首長を支える役割を担った。テホラハの子どもが首長の時、キリバス人によってナヌメアが征服された。当時、パトゥキハウランギの子どもであるポケ（Poke）がヌイ島に滞在していた。ポケは千里眼によって、ナヌメアがキリバス人によって征服されたことを知り、息子のタガタウリ（Tagatauli）をナヌメアに派遣した。タガタウリがキリバス人を追い払うと、人々に首長になるようにいわれたがこれを断った。しかし、これを機にタガタウリは首長のみに仕えるのではなく、島全体のために働くと宣言し、首長と島の人々を仲介する役割を担い始めた。

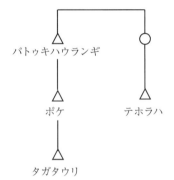

図8-1　神話⑥における系譜関係［筆者作成］

これまで検討してきた神話では、テホラハの子どもたちのなかで誰が首長や首長の監督の役割を与えられたのかが焦点となっていた。神話⑥も彼らの重要性に関して否定しているわけではない。しかし、神話⑥は、テホラハの子どもではなく、そのオジの系統が大きな役割を果たす点で、これまで検討してきたものと大きく異なる。このオジというのが重要なポイントで、ツバルでは母の兄弟と姉妹の息子との関係はトゥアティナ（*tuatina*）と呼ばれ、相互の尊敬

第8章　首長になれない男の主張

や助け合いが求められる特別な関係にある。このため、パトゥキハウランギは、テホラハとの結びつきが強いことのみならず、テホラハに対して影響力を及ぼしうることを示唆する。さらに、このテホラハのオジの系統の影響力を正当化するのが、タガタウリが島を救ったという逸話である。キリバス人を撃退するという点は神話①にも登場する［第4章参照］。ただし、神話①ではこれがトゥーマウ・クランの始祖によるとされているのに対し、神話⑥ではポロンガ・クランの始祖であるとされている。前者はトゥーマウ・クランが首長の監督役であることを正当化するものであり、後者はポロンガ・クランが首長と人々の仲介者としての役割を果たすことを正当化するものである。

　実際に、神話⑥はポロンガ・クランの立場を強める方向で利用されていた。タウマヘケは、ポロンガ・クランは単なる首長の補佐ではなく、島の会議での議長を務め、そして、首長の選出にも責任を持つべきだという。また、こうしたことから、自分たちのクランの名前は奴隷を意味するポロンガなどではなく、「先を見通す者」を意味するマタキテ（Matakite）の方がふさわしいと説明していた[1]。他方で、彼はテホラハの子どもたちのクランはすべて首長になることができ、トゥーマウ・クランも監督役などではなく、首長として即位すべきだと主張していた。

　タウマヘケは自分が10代の頃にこの神話を父から聞いたといっていたが、私は彼からこの神話を聞いた時、これまで見聞きしたものとかけ離れた内容であったため、かなり驚いたことを記憶している。そのため、どの程度、この神話が共有されているのかについて、ポロンガ・クランを中心に聞き取りをした。その結果、複数のポロンガ・クランの成員からこれと同じような内容の神話を聞きとることができ、しかも、彼らは幼少の頃に祖父または祖母から伝え聞いたと証言していた。ただし、何人かはポロンガ・クランのことに詳しいエセタという70歳代の女性からも最近になってこの神話について聞いたと証言していた。また、タウマヘケ自身もエセタから様々な情報を得ることで、自分の神話

---

1)　辞書ではポロンガの意味は奴隷（slave）とされているが［Jackson 2001］、実際に奴隷のような役割を果たしていたわけでもない。ツバルはもともと階層社会ではなかったことから、仕える者（servant）くらいの意味合いだとも考えられる。

179

が「真実」であることを確信したという。そのため、このバリエーションは、ポロンガ・クランの者に伝えられてきたものであると考えられるが、最近になって彼らの間で探求されることで、広く知られるようになった可能性もある。

2　とらえがたさ

テホラハ神話はこれまでにも、植民地行政官［Roberts 1957］、人類学者［Chambers 1975, 1983］、首都在住のナヌメア人［Fenua o Nanumea 2004］、そしてナヌメア人自身［Isako 1983］などのさまざまな背景を持つ人々によって記録されてきた。そのなかでも、人類学者キースは1970年代から2000年代に至るまで調査を続けており、とりわけ彼の民族誌［Chambers 1984］において詳細に神話について報告しており、また近年では、妻のアンとの共著からなる民族誌でも神話を取りあげている［Chambers and Chambers 2001］。他にも、首都在住のナヌメア人は1990年代から2000年代にかけて調査し、2004年に完成させた憲章の草案において、なるべく多くのバリエーションを採録するよう試みられている。

ナヌメア人の人口はホームランドだけで約600人、首都フナフティ在住者を合わせても計1,600人程度である。この人口規模とこれまで行われてきた調査を考慮に入れるならば、すべてのバリエーションの神話が記録されていたとしてもおかしくないはずである。しかし、タウマヘケの神話は、こうした長年にわたる多様な人々による記録化によってもすくいあげられることがなかった。なお、私がタウマヘケからこの神話を聞いたのは、調査をし始めてから1年以上経過した後であった。ナヌメアという小さな社会においても、そこで伝えられている神話のバリエーションのすべてを把握することは想像以上に難しいものである。

神話のバリエーションのすべてを把握することが難しい理由として、まず、前章のライナの神話のように探求の結果、新たに「真実」として浮上してくる点をあげることができる。他にも、例えば、第5章で検討した憲章で、「折衷的」な神話と位置づけられていた神話③の語り手のように、意図的にいくつかの神話の要素を組み合わせることで、新たな神話をつくりだすケースもある。

第 8 章　首長になれない男の主張

　忘れられていた神話が復活することも考えられる。例えば、ある50代の女性
は、テホラハにまつわる神話を記したノートを保持していた。そのノートはカ
イトゥという男性による記録を書き写したものであるが、女性とは親族関係に
なく、偶然それを手に入れたという[2]。筆者の調査時にはすでにカイトゥは亡
くなっていたが、その子どもたちの話によると、カイトゥはかつてナヌメアで
島政府の役人をしていた。仕事の関係で島の年長者から神話や首長制をはじめ
とする伝統について聞く機会があり、それを記録していたという。しかし、カ
イトゥの家族は私が質問するまでその存在を忘れていたといい、別の女性がノ
ートを書き写していたことも知らなかった。私はたまたま集会所でこのノート
をもっていた女性をみかけることでその存在を知ったが、彼女のノートは、島
の人々にはほとんど知られていない。そして、このノートはすでに別の男性に
よって書き写されており、彼はそれを熱心に読み込んでいた。本書の趣旨から
外れるために詳述できないが、この神話もまた本書で紹介したどの神話とも異
なったものである。彼は私の調査時には若者（*tamataene*）であったが、数十
年後にこの神話が「真実」であると主張し始める可能性もある[3]。

　他にも、神話の伝承者の変化がある。例えば、神話②は、キースの民族誌と
ナヌメア在住者による憲章においてかなり重要な位置を占める神話であったが、
私が調査した時、神話①と比べて耳にすることはあまりなかった。この背景に
は、キースの調査時に有力な年長者であった神話②の語り手テポウの死後、そ
れを継承する者がいなかったという点があげられる。私がフィールドワークを
した2000年代後半には、テポウの息子が島の年長者としての地位を確立してい
たが、彼は神話に関心がなく、自らがコリの子孫にあたることや神話②につい
て知らないようであった。

---

2)　かつてカイトゥが住んでいた廃屋で遊んでいた子どもがノートを持っていたのを取
りあげてみると、そこにはテホラハにまつわる神話が綴られていたため、その女性が自
分のノートに転写したという。
3)　なお、キースはこれとは別に首都在住のナヌメア人が神話に関する記録を保持して
いると書いていたが、他のものと異なるため、その内容に関しては具体的には明かして
いない。筆者はこの人物を突き止めて、それをみせてくれるようお願いしたが、断られ
てしまった。

神話⑥の語り手であるタウマヘケは、自らのクランに伝わってきた神話がキースの著作や憲章に記録されていないことに対して以下のように説明してくれた。キースによる民族誌的な調査や憲章作成のための調査が行われた1980年代から1990年代において、神話⑥を知る者のなかで、発言力を持つ年長者がいなかった。タウマヘケは、憲章委員会に対してこれまで何度も自らの神話を伝えようとしたが、そのたびに、年長者ではない者が伝統を語ることを「恥ずかしい（maa）」[4] 行為であると考え、伝えることができなかったという。

　憲章では、なるべく網羅的に神話のバリエーションを収集することを目指しており、第5章で検討したもの以外にも多くのバリエーションが少なくとも脚注に記録されているが［Fenua o Nanumea 2004：22, 25, 32］、それらはナヌメア在住で、当時、発言力を持っていた男性年長者を中心に聞き取ったものであり、島のすべての人々から情報を集めていたわけではなかった[5]。これには、何が「真実」の神話であるかは年長者のみが知っているとされていることから、年長者以外の者が意見をすることは難しく、仮に彼らが主張をしたところでそれを受け入れてもらえる見込みは薄いという背景がある。タウマヘケもまたそのように考えた一人である。このように、「人目につかない」ところで伝承されている神話も少なからず存在していると考えられる。

　こうして、調査が行われるたびに、「新たな」神話を「発見」したとしても不思議ではない。今後も、どれだけ調査が行われたとしても神話のバリエーションのすべてを把握することは難しく、常に別の「新しい」神話のバリエーションを「発見」する可能性から逃れることはできない。

3　問いを開く

　別の神話が存在したとしても、それが社会的な重要性を持ちえなかったとしたら、それは机上の空論に過ぎないだろう。しかし、ナヌメアの場合ではこう

　4）　この「恥ずかしい」という感情が持つ社会的な重要性については以下を参照［Chambers and Chambers 2001；Besnier 2009］。

　5）　この点に関しては、人類学者キースと首都在住のナヌメア人による憲章委員会の両者に共通していえる。

第8章　首長になれない男の主張

した別の神話もまた少なくともそれに耳を貸す必要があるものとして受け止められる傾向にある。タウマヘケが自らの「神話」をどのようにして主張してきたのかを例にこの点に関して考えてみよう。以下は、第5章で検討した憲章委員会が2005年にナヌメアに草案を配布しに来島した時、彼らを歓迎する饗宴の場においてタウマヘケが発言した内容である[6]。この饗宴の演説で彼は、憲章に書かれていた神話の内容について、自らの信じる「真実」の神話を基に次のように批判したという。

　「テホラハは誰と一緒に［ナヌメアに］来たのか？」。皆［出席者］は、「妻だ」、「誰だ」、「彼だ」という。私はいった。「他には？」、「他に誰が一緒だった」。彼らは答えることができなかった。知らないのだ。私はいった。「パトゥキハウランギだ」。「テホラハのオジであるパトゥキハウランギと一緒にきたのだ。」（［　］内筆者挿入）

　タウマヘケの発言に特徴的なのは、「他に誰が来たのか」というように質問している点である。この質問の仕方は、タウマヘケのケースだけに限らず、ナヌメアの政治的な話し合いにおいても使われることが多い。ナヌメアでは、多くの質問をしてそれに答えていくことは、「真実」であることの不可欠の要素である「完全」である状態へと近づいていくための必要な手段であると肯定的にとらえられている。タウマヘケはこれを利用したものであるが、彼の場合はそれとは逆の効果をもたらしていた。すなわち、「この他にも誰がいたのか」や「他にも何があったのか」などと多くの質問をしていくことで、憲章が「完全」ではないから「真実」ではないということを主張していったのである。
　この「完全」ではないから「真実」ではないという主張は、タウマヘケのようなマイノリティ側の者が意見を表明する時に決定的な重要性を持っている。というのも、それはこれまでの議論をすべて否定するものではなく、即急に結論を出すことを批判するものであるからである。こうして質問をし続けること

6)　以下の内容は彼自身が再構成し、私に語ってくれたものである。この発言に関しては、他の年長者からも裏付けを取っている。

183

は、それはまだ「真実」へと到達していないことを示し、現段階で結論を出すのではなく、問いを開いたままにしておくことを要求するものでもある。このことは、憲章に最も批判的であったタウマヘケも、そこに書かれた神話をすべて否定しているわけではなかったことで裏づけることができる。彼が主張していたのは自分の主張をもそこに組み込んでいき、「真実で完全である」状態へと近づけていくことであった。こうしたことから、タウマヘケの主張は「真実で完全である」状態へと近づけるためのものとして少なくともそれに耳を貸す必要があるものとして受け入れられていた。

　もっとも、タウマヘケがいう「他に誰が来たのか」などのような質問は、際限なく続けることが可能である。そして、質問を続けていく限り、それに答えられなくなり、「完全ではないから真実ではない」という批判の余地が生まれる。とりわけ、第5章で論じた首都在住のナヌメア人による憲章作成では、多様な意見をすべて取り込んでいき、その多様性のなかから「真実」についての合意を形成していくことを目指してきたため、常にこの「完全ではないから真実ではない」という批判を受け止めなければならなくなる。このように、「真実」と「完全」をめぐる論理が説得力を持つ状況においては、「新しい」神話が「完全」に近づくための材料とされ、結果として何が「真実」であるのかが不確実なままにとどまってしまうのである。

二　実践の首長制

1　開催された島会議

　それでは、次にタウマヘケによる首長制の実践についてみていきたい。前章で説明した首長ライナをめぐる争いが収まり、首都在住のナヌメア人によって提案された成文法に基づき首長制を実践していくことが島会議にて決定された。しかし、問題はこれでは終わらなかった。争いがとりあえず収まったとはいえ、島を二分した争いのわだかまりは完全に解消されてはいなかった。そのため、首長になる者が現れなかったのである。

　成文法が認められた2003年5月から、トゥーマウ・クランは何度となく他の

184

首長クランに首長候補者を選出するように打診したが、1年かけても1人の候補者をも得ることができなかった。首長位は空位のままであり、トゥーマウ・クランのエウタという人物が代理でその役割を果たしていた。この状況に対して動いたのが、タウマヘケであった。長い間、首長位が空位であることに業を煮やしたタウマヘケは、2004年6月に、トゥイナヌメア・クランのイリアラという男性を首長として即位させるため、島会議を開催した。

　当時、タウマヘケはポロンガ・クランの代表であるのみならず、首長クラン会議の代表でもあり、そして島会議の議長でもあった。島会議は、首長クラン会議の話し合いによって開催するか否かが決定され、ポロンガ・クランによって島全体に周知される。島会議で年長者の議論を取り仕切るのが首長クラン会議のなかから選ばれる議長である。タウマヘケは、島会議の開催からその周知、そして議論までのすべてにおいて最も影響力を行使する立場にあった。もっとも、この時、タウマヘケは首長クラン会議での合意を経ないままに、島会議を明日開くと島中に周知していった。これは、現地でタパタパンガ（*tapatapaga*）と呼ばれるものであり、大声を張り上げながら島中をまわることで、人々に連絡事項を伝えるものである。タパタパンガは会議の開催のほかにも、島の協働作業などの周知に際して行われ、タウマヘケが属すポロンガ・クランがその役割を担うとされる。タウマヘケは首長クラン会議のなかでの話し合いではトゥーマウ・クランの代表の反対にあって話が進まないと考え、自らの立場を利用して島会議を開催することにしたのである。

　開催された島会議にてタウマヘケは、トゥーマウ・クランが1年もの長きにわたって首長をみつけることができなかったと批判し、イリアラが首長として適任であると訴えた。年長者からはタウマヘケによる島会議の開催に関しては肯定的な意見が表明されたが、肝心のイリアラに対しては否定的な意見もあった。しかし、当時、日照りが続いて深刻な水不足に直面しているのは首長がいないからだという主張が説得力を持ち、多くの年長者がタウマヘケの考えに賛同を表明していった。最終的に、イリアラが首長として即位することが合意され、早速、翌日に即位儀礼が行われることになった。

　一方、話し合いから即位儀礼に至るまでトゥーマウ・クランは賛成こそしな

185

いものの、積極的に反対することもしなかった。これには、トゥーマウ・クランの代表であったソーセメアが置かれた状況にその原因の一つがある。第6章で説明したように、ソーセメアは、ライナを首長として擁立した人物として知られており、ライナをめぐる争いが収まった後に、争いの原因をつくった一人としてソーセメアに対する批判が高まっていた。こうしたこともあり、ソーセメアを中心とするトゥーマウ・クランは島全体に対して自らの主張を展開することを控えて、事態をただ黙認していただけであった。

イリアラが即位していた期間は、2004年6月から2005年10月までの1年4ヶ月あまりである。イリアラは演説の能力には定評があったが、「話したがる(fia tavili)」首長として時に問題視されていた。特に問題となったのが、彼の宗教的な発言であった。イリアラは伝統的な事がらにも関心はあったが、彼にとって最も重要であったのは聖書の教えであった。そのため、彼は首長になった後も、集会所での島会議や饗宴において神や精霊、祝福や罰について語った。宗教的な発言自体に問題はないのだが、彼の場合は少し度が過ぎているとして人々の不満が少しずつ高まっていた。

こうしたなか、突然、イリアラの退位が決まる。当時、彼はナヌメアの首長として公務でバイツプ島に滞在していたが、彼不在のなか、ナヌメアではタウマヘケによって島会議が招集され、イリアラが首長として適切であるかどうかが話し合われた。なぜ、このタイミングで島会議が開かれたかというと、バイツプ島でのイリアラの言動についての噂が伝わってきていたからである。それによると、彼はバイツプ島の集会所で開かれた饗宴で、自分はバイツプ島の首長にもなれるといった発言をしたという。イリアラの祖先にはバイツプ島の出身者がおり、また、彼はしばしば政治的な野心をむき出しにする人物としても知られていたため、この噂は信憑性が高いと受け止められた。ナヌメアの島会議で、2つの島で首長になるというのは論外であるなど、イリアラに対して島の人々の多くが不満を持っていることが述べられた。また、ちょうどその時、乾季の終わりにさしかかっていたが、例年以上に雨が少なかったため、こうした首長のふるまいによって、雨が遠ざかるのではないかという声もあがった。こうして、集会所では、その日をもってイリアラが首長から退位すると合意さ

れた。

2　受け入れられた主張

　1986年の首長位の復活以降、2010年まで10人の首長が即位してきたが［表1
－1参照］、第6章で説明したシチアを除けば、イリアラ以外の首長はすべて
トゥーマウ・クランによって即位してきた。トゥーマウ・クランのみが首長を
即位させることができるという考えは、ナヌメアで最も影響力のある神話であ
る、トゥーマウ・クランに伝わる神話①によって正当化されている。さらにそ
れは、ナヌメアで何度か起こった首長制をめぐる争いの際に成文化されてきて
おり、ホームランドの人々もまたその成文法を2003年に合意していた。確かに、
第6章で検討したように、2003年の成文法では集会所の果たす役割が大きく
なっていた。しかし、首長の即位に関してはあくまでもトゥーマウ・クランが
担い、集会所はその同意を得る必要があると定められただけであった。
　首長イリアラはこれまでのナヌメアの首長制にはなかったやり方で即位した。
イリアラは、ポロンガ・クランのタウマヘケが開催した島会議での合意によっ
て首長となったのであり、トゥーマウ・クランによる即位というこれまでのや
り方とは異なるものであった。なぜこうしたことが起こりえたのだろうか。ま
ず、考えなければならないのは神話⑥である。神話⑥はポロンガ・クランが首
長と人々の仲介者であることを示すものであり、その神話を踏まえるならば、
タウマヘケが主導して首長を選出し、即位させても問題はないだろう。しかし、
ポロンガ・クラン以外の者で神話⑥を支持している者はいないため、神話⑥は
イリアラの即位の仕方が受け入れられた理由にはならない。イリアラの即位が
可能になったのは、島会議で合意されたという点が大きかった。島会議におい
て合意されたことは島の結論といわれ、ナヌメアのすべての人々に対して強制
力を持つ。この島会議で、成文化された首長制とは異なるやり方でイリアラを
即位させることを決めたのであり、首長イリアラの正当性はこの点に求められ
る。それでは、なぜ、ナヌメアの年長者はこれまでやってきた、そして、首都
在住のナヌメア人が成文化し、自分たちもそれに合意していた首長制のやり方
に反することを島会議で合意したのだろうか。

この島会議において、タウマヘケの次のような言葉が説得力を持っていたという。私のインタビューに対して、タウマヘケはイリアラを首長として即位させた理由として、首長がいないと島がかわいそう（*fakaalofa*）だから自分が首長を探した。首長を即位させることは島の「幸福」のために必要であると訴えたのであった。他の年長者からの聞き取りから、この島の「幸福」のためという主張に、当時、多くの人々が同意し、イリアラを首長として即位させることに合意したという。そもそもこの島の「幸福」という表現は何が首長の役割なのかについての説明においてしばしば聞かれるものである。首長が果たすべき役割は何かという点に関してはさまざまな意見があり、ある者は命令する「王」であるというし、他の者は島の争いを収めることであるという。他にも、饗宴に参加するだけでいいという者もおり、そして、島に豊穣を招くためにただ座っているだけでいいという意見もある。しかし、こうした意見の差異を超えて、ナヌメア人の誰もが首長は島の「幸福」のために存在するという。

　さらに、タウマヘケにとって島が「幸福」になるということは、それ以上の意味を持つものであった。彼は島の「幸福」のためになるものが「真実」であり、「真実」は島の「幸福」のためになると主張していたのである。この表現がナヌメアの人々のすべてに受け入れられたわけではないが、少なくともイリアラの即位の際にはそれが説得力を持っていたことはたしかである。こうして、タウマヘケによれば自らの行動が単に島の「幸福」のためになるだけでなく、それはやり方として「真実」であるというのであった。なぜかというと、「真実」であると人々が「幸福」になるのであり、人々が「幸福」であるとそれが「真実」だからである。前章で検討した首長ライナを批判する際に使われた「島が幸福ではないのだから真実ではない」という表現は、今度は「島の幸福のためになるものが真実である」としてイリアラを即位させる論理となっていたのである。

　しかし、島の「幸福」のためになるものが「真実」であるということは、「真実」が何かをめぐる多くの意見を正当化することにもつながる。ある人にとって島の幸福とは島が豊穣であることであり、別の人にとってのそれは争いがなく平和な状態である。島の幸福のためというのであれば、それはどのよう

188

な首長制をも正当化することにつながりかねないのである。タウマヘケはナヌメアの「真実」に基づいて首長制を実践していたが、それは序章で紹介した生活の場での変動する真正さ［吉岡 2005］に類似した、多様な解釈を許す、場当たり的なものであり、それによって返って何が「真実」であるのかが不確実になってしまっているのである。

　本章では、ナヌメアの神話と首長制の「真実」をめぐる探求をその実践という観点からとらえなおし、何が「真実」の神話で、何が「真実」の首長制かが不確実になるローカルな論理を明らかにしてきた。本章では、これまでにも、ナヌメアの神話について多くの記録が残されたのにもかかわらず、私の調査で「新たな」神話を発見することができたこと、そして、これまで首都のナヌメア人によって首長制を成文化してきたのにもかかわらず、それとは異なる首長制が実践されていたことを指摘した。本章ではタウマヘケを事例に、ナヌメアにおけるローカルな論理に注目し、「真実」が不確実になる背景について検討してきた。

　タウマヘケは、ナヌメアの「真実」概念に基づきながら、実践していた。そして、彼は他の神話が「完全」ではないから「真実」ではないという論理によって自らの神話を少なくとも部分的に「真実」であると主張した。また、島の「幸福」になるものが「真実」であるという論理で自らの実践した首長制を正当化していた。前章まで説明してきた諸探求が「真実」を確実なものにしようとするものであるならば、タウマヘケの実践は「真実」を不確実なままにしておく実践であった。ただし、タウマヘケ自身もまた「真実」をめぐる論理に基づいて実践していたことを考えるならば、正確には、「真実」を実践することによって「結果的」に「真実」が不確実なままにとどめておかれていたといえよう。

189

終　章

探求の「真実」

扉写真：本島に帰る

一　探求

　本書ではツバル・ナヌメア環礁の神話と首長制をめぐって繰り広げられてき
た西洋人研究者、首都フナフティ在住のナヌメア人、ホームランドであるナヌ
メア在住のナヌメア人による探求についてそれぞれ具体的に検討してきた。

　西洋人研究者による探求では、アメリカ人人類学者キース・チェンバースの
民族誌に注目し、その神話に関する記述がどのようにつくられたのかについて
考察した。キースの探求の根底には、ナヌメアの消えゆく伝統文化をそれが完
全に消え去る前に記録しようとするサルベージ民族誌があった。しかし、首長
制についてはそれを首尾よく達成しえたものの、神話には多くのバリエーショ
ンがあり、かつ、それが島のなかの政治的な争いと関連していることに気づい
てしまい、年長者から聞き取った内容を基に再構成することができなかった。
そこで彼はナヌメアでは神話をめぐる争いがどのようにとらえられているのか
についての一般的な意見を記述していく。こうして、神話をめぐる政治的な状
況を正しくとらえることがキースの探求となった。

　キースの探求が神話をめぐる政治の記述に主眼を置いていたのに対して、首
都在住のナヌメア人の探求は神話をめぐる合意を形成することを目指してきた。
その最たるものが憲章作成であった。キースと同様に、憲章作成も初めは消え
ゆく伝統文化を記録することを目的に始められたが、次第に伝統文化をめぐる
争いの調停へと踏み込んでいく。首都在住のナヌメア人は、多様なバリエー
ションの神話を集めてそのテクストを分析し、すべてのナヌメア人が受け入れ
ることが可能な神話を探し求めた。そこでは、多様な神話のバリエーションを
際限なく取り込むことで「真実」の神話へと近づいていくことが試みられてい
た。それと並行して、首都在住のナヌメア人は、首長制をめぐる合意の形成も
図ってきた。彼らはナヌメアにおいて島を二分する争いが起きるたび、首長制
の成文化を試みてきた。そうした成文化においては、争いの原因に対処し、ナ
ヌメアを取りまく政治的状況を反映させることで、「とりあえず」人々が納得
できる「真実」の首長制が探求されてきた。

192

終章 探求の「真実」

　ホームランドであるナヌメア在住のナヌメア人の探求については、ライナと
タウマヘケという2人の男性年長者を取りあげて考察した。前者のライナはキー
スの調査助手として働いた経験を持つ男性であり、キースの帰国後に神話と
首長制に関して自ら調査を実施した。さらに、彼は自らが明らかにした首長の
やり方を実践することで、それが「真実」であることを「証明」しようと試み
ていた。ライナにとって首長制を実践することは「真実」を明らかにすること
であったのに対して、タウマヘケは様々な探求が行われるなかでの神話と首長
制をめぐる実践はどのようなものかを示すものであった。タウマヘケは現地社
会で一般的なそれとは大きく異なった神話を伝承し、前例のないやり方で首長
制を実践した。しかし、タウマヘケはこれまで説明したナヌメア人の探求と同
様にナヌメアの「真実」をめぐる論理に基づき主張することで、彼の神話と首
長制がナヌメアにおいて多少なりとも受け入れられていた。タウマヘケの神話
と首長制をめぐる実践と彼の主張が受け入れられた理由を検討することで、ナ
ヌメアにおける「真実」の探求を別の側面から明らかにした。

　こうした多様な人々によるさまざまなかたちの探求は個別に生起していたの
ではなかった。現在のナヌメア人による神話と首長制をめぐる探求には、人類
学者キースの民族誌による影響がある。それが端的にみられたのが、首都在住
のナヌメア人による憲章作成である。憲章においてはキースの民族誌に記述さ
れていた神話をめぐる状況が論述の起点となっており、憲章の記述の多くをキー
スに負っていた。とはいえ、キースの調査研究がナヌメアの人々の探求を決
定づけていたわけではない。憲章作成ではキースの民族誌はあくまでも起点で
あり、それを乗り越えて神話をめぐる争いを調停することを目的としていた。
また、ホームランドのナヌメアにおける探求として取りあげたライナは、キー
スの調査助手として働くことが神話や首長制などの伝統文化に関する造詣を深
めることになったが、ライナは自らの調査に基づき最終的にはキースの民族誌
を否定するに至っている。

　本書は便宜的にキースの民族誌を出発点としてきたが、ナヌメアの神話と首
長制をめぐる探求には確固たる始まりがあるわけではない。そもそも、キース
の民族誌は、現地社会との関係性のなかでつくられたものであり、キースの探

193

求もまたそれに先行するナヌメア人の探求を引き受けて発展させたものであったといえるだろう。また、近年ではキースの民族誌ではなく、それを批判的に継承して進められている首都在住のナヌメア人による憲章の方がより多くの注目を集めている。ナヌメアにおける神話と首長制をめぐる探求と実践で取りあげたライナとタウマヘケはともに、キースの民族誌のみならず、憲章がその批判の矛先であった。キースの民族誌は現在のナヌメアの神話と首長性をめぐる探求において重要な役割を果たしているが、あくまでもそれはさまざまな探求の連なりの一つとして位置づけられる。そして、一つ一つの探求は、先行する探求を批判的に乗り越えるというかたちで継承されてきた。

　また、神話と首長制をめぐる探求は先行する探求との関係のみならず、ナヌメア社会のなかに位置づけることもできる。人類学者キースは、伝統を代表する首長クラン会議と政府を代表するカウンシルという社会内の対立を感じ取り、そうした対立に巻き込まれることを避けるために、「島のゲスト」として島全体と平等な関係をつくろうとした。神話がナヌメアの政治的な争いと密接に関連していることを知った後は、神話それ自体ではなく、神話をめぐる政治的な状況を記述することで島のなかでの中立性を保とうとする。しかし、それにもかかわらず、彼もまたナヌメアにおける政治とは無関係にはいられなかった。そもそも、キースの調査は首長クラン会議やそのなかでもトゥーマウという首長クランの人々による働きかけを受けており、争いの中立的な記述のはずであった彼の民族誌はトゥーマウの政治的な立場を正当化するために現在のナヌメアで用いられている。

　首都フナフティ在住のナヌメア人は、同じナヌメア人でありながらも、ホームランドであるナヌメアのナヌメア人とは立場が異なっており、このことは、彼らの探求に大きな影響を与えている。何がナヌメアの伝統文化なのかは、ナヌメアに住むナヌメア人が決めるべきであり、ホームランド以外のナヌメア人が口出しをするのは控えるべきであるとされている。そんな首都在住のナヌメア人がナヌメアの伝統文化に関与しえたのが、憲章作成と首長制の成文化に関してであった。どちらも、平和や合意をもたらすものであり、その意味でナヌメアの人々からも受け入れられていた。ただし、つくられた憲章はキースの民

194

族誌と同様に結果的にトゥーマウ・クランの神話を正当化するものになっていた。また、成文法は「とりあえず」合意されただけで、首長制のやり方をめぐる実質的な規定にはなりえていない。

ナヌメアのナヌメア人は何が「真実」の神話や首長制であるのかを探求するだけでなく、それを日々、実践し続ける必要がある。彼らは時に「真実」を実践しながら探求し、あるいは探求しながら実践している。ただし、個々人によって探求と実践とのどちらを重視しているかは異なる。自ら調査を実施して、また自らが首長となることで何が「真実」なのかを「証明」しようとしたライナは探求のために実践していたといえる。他方で、島の幸福のために首長を即位させたタウマヘケは多様な探求を踏まえた上での「真実」の実践であった。また、興味深いことに、両者は継承した神話や実践した首長制のやり方という点で島のなかのマイノリティであった。彼らが「真実」を明らかにすること、あるいは「真実」を実践することは島のなかにおける彼らの影響力を増加させうるものである。

二 「真実」

ナヌメアの神話と首長制をめぐる探求はいずれも「真実」は何かを確実なものにしようとするものであった。

人類学者キースは、初め、「真実」の神話と首長制は一つであり、年長者の記憶を基に再構成すれば、それを明らかにできるのではないかと考えていた。しかし、神話が島のなかの政治的な争いと無関係ではないことに気づいてしまったキースは、何が「真実」であるのかを探ることから、「真実」をめぐるナヌメア内での争いを正しく把握することを目的としていく。そこでは、人類学者は何が「真実」の神話と首長制なのかを判断することができず、それをめぐる政治的な状況を正しく描写することが彼にとっての「真実」になる。

他方で、ナヌメア人にとって、神話と首長制には必ず一つの「真実」がある。ナヌメア人にとって神話とは歴史的な事実であり、実際に起きたことは一つである。首長制はそうした歴史的な事実に基づくものであり、神話が一つである

ように首長制のあり方にも一つの「真実」がある。そして、ナヌメア人にとって「真実」は「完全」であり、「真実」を知るためにはそれを「完全」に知らなければならない。ナヌメア人が「真実」を知ろうとすることに関しては、島会議での理想的な話し合いを例に説明されることが多い。島会議で理想とされる話し合いとは、さまざまな人々の意見を集約していき、合意へと至るプロセスである。そこでは、例えば、ある一つの提案をめぐって年長者らがお互いに質問をし合い、ありとあらゆる角度から考えていくことが重要であるとされる。年長者らはさまざまな質問を通して、問題点を浮きあがらせ、それをより良いものへと変更していく。こうして、ある提案が「完全」なものになるという。「真実」もこれと同じであるというのである。多様な角度からなされるさまざまな質問を経由することで、より「完全」でより「真実」へと近づいていくという。

　「真実」と「完全」の論理が最も端的に表れていたのが、首都在住のナヌメア人による憲章作成であった。憲章作成においては、多様な神話のバリエーションを取りいれることによって、より「完全」で、より「真実」へ近いものへたどりつこうとする。神話をめぐる争いの基とされてきた多様なバリエーションは、「完全」であるための材料になり、それらをうまく使うことができれば「真実」へと到達することができるのであるという。また、こうした完全性はしばしば人知を超えた存在である神の完全性と関連して説明される。ナヌメアの人々は、神は全知であり、現在、過去、未来におけるすべてを知るとされる。こうした全知の神から「真実」を知ろうとしたのが、ライナの探求であった。「真実」の首長は神に祝福され、島に豊穣を招くことから、豊穣性が現れれば、それは神の祝福を得た「真実」の首長制であることを証明すると考えた。そして、ライナは自ら首長となり、その在位中に類まれなる豊穣性をみた。これをもって、ライナは神によって自らのいう首長のやり方が「真実」であることが「開示」されたという。

　人類学者、首都在住のナヌメア人、ナヌメア在住のナヌメア人は、それぞれのやり方で「真実」を探し求めてきた。しかし、必ずしもそれによって何が「真実」なのかが確実になったわけではない。首都在住のナヌメア人による憲

終章　探求の「真実」

章作成では、多様なバリエーションをうまく組み込むことができずにいる。そこでは、「真実」の在り処を目指して常に探求していく必要性が述べられており、彼らの「真実」を目指す試みは常に暫定的で、常に改正される途上にある。また、ライナがいう神によって「開示」された「真実」も、島が「幸福」ではないから「真実」ではないと反論され、ナヌメアのなかで合意を形成するに至っていない。

　さらに、多くの人々が「真実」を探し求めてきた結果、多くの「真実」が生み出されることになってしまった。ナヌメア人は、神話と首長制をめぐる「真実」は一つであるのに、ナヌメアには多くの「真実」があると時に嘆く。ナヌメアにおいては、神話と首長制をめぐる「真実」を確実なものにすることに誰も成功していないのである。この点に関して示唆的なのは、首長になれない男タウマヘケによる「真実」をめぐる論理であった。彼は、既存の神話のバリエーションは「完全」ではないから「真実」ではないという主張を展開することで、「真実」の神話は何かという問いを開いたままにしていた。また、タウマヘケが島の「幸福」のためになるものが「真実」の首長制であると主張し、島の「幸福」に合わせたその場その場で「真実」を設定することを可能にしていた。こうして、何が「真実」であるのかを確実なものにしようと多くの探求が行われてきたにもかかわらず、何が「真実」であるのかは不確実なままである。

　「真実」は一つである。しかし、現実にはたくさんの「真実」がある。「真実」は不変である。しかし、現実には何が「真実」とされるのかは変化している。ナヌメアの神話と首長制をめぐって多くの探求が行われ、それぞれのやり方で何が「真実」なのか確実なものにしようと試みられてきた。しかし、それにもかかわらず、「真実」が何かは不確実なままである。キースのフィールドワークを出発点としたとしても、ナヌメアの神話と首長制は少なくともこれまで40年以上にもわたって探求されてきたが、何が「真実」かは依然として不確実なままである。むしろ、探求によって何が「真実」かがより不確実になっているようにもみえる。

　そうであるならば、「真実」が不確実であるのは、探求の失敗に由来するというよりは、探求の結果としてそうなったのかもしれない。探求がナヌメアの

197

「真実」と「完全」をめぐる論理に基づく限り、結局、「完全」には至らず、何が「真実」であるのかが不確実なままに留めおかれてしまう。また、島の「幸福」になるものが「真実」であるという主張によってその場限りの変動する「真実」が許容される。そして、「真実」が不確実なものであり続けるからこそ、それを明らかにしようとして探求が続けられている。

三　探求のおわりに

　最後に自らの調査について振り返ることで、本書がつくり出された過程について説明したい。

　私は2年以上ツバルに住んだが、その間、ほぼすべてをマタウ家の人々のお世話になった。彼らから、住む場所と日々の食事を提供してもらっただけでなく、島で生きていくために必要なあらゆることを教えてもらった。私はこのマタウ家を通して、ナヌメアの人々に受け入れられてきた。私が滞在していた時、マタウ家には、いつもマタウとその妹のソヴォリという2人の老いた姉妹がいた。食事は主に、マタウの娘のマフがつくっており、そして、マタウの孫であるペスシとペレの面倒を見ていた。ソヴォリの娘であるノウとその夫タプ、息子のダーファオも毎日のようにこの家に遊びに来ていた。一家の家計は主に、船乗りとして海外で働くマタウの息子であるアタイエタからの送金に頼っていた。

　そもそもマタウ家に迎え入れられることになったのは、首都フナフティで図書館長をしていたミラに紹介してもらったことに始まる。私はフナフティにいる時はミラ家に滞在している。私がナヌメアに行きたいと相談すると、ミラは自分の弟であるタプとその妻のノウを紹介してくれた。詳しい経緯はわからないが、彼らは自らの家ではなく、ノウの実家であるマタウ家に住むように手配してくれた。私はマタウ家の一員として行動してきたし、人々もまたマタウ家の人々との親族的な関係性を私に適用していたと思われる。とりわけ、私のメンターであり、保護者であり、兄弟であり、友人でもあったマタウの息子のアタイエタは人望が厚かったこともあり、多くの人に厚遇してもらった。なお、

終章　探求の「真実」

彼はキースが2000年代に行った調査にも協力しており、私にも多くのことを教えてくれた。

マタウ家は村落を二分する双分組織のハウマエファに属していたため、私もハウマエファの人間としてとらえられていた。私はハウマエファの活動のほぼ全てに参加したが、別の双分組織であるロルアの活動には一度も参加したことはない。本書の調査にあたっては双方の人々から話を聞いたが、日常的に私と仲良くしてくれた者の多くがハウマエファの人々であった。マタウ家の人々はツバル・キリスト教会の信徒であったため、毎週日曜日には欠かさず教会に行くことで、良き信徒であろうとした。また、教会が主宰する饗宴や会合にも欠かさず出席し、信徒のみが許される会議にも参加させてもらった。

他方で、島の宗教的なマイノリティであるバハイ教の宗教活動には参加していない。バハイ教の人々とも話す機会はあった。マタウ家の人々は特に何も言わなかったが、彼らと仲良くすることに対して、快く思っていない人々がいるのを感じた。そのため、バハイ教の礼拝は参加はおろか、見たことすらない。他にも、ナヌメア滞在時には首長の選出が行われていたため、選出を司るトゥーマウ・クランの会議に私も参加させてもらい、その一員と認められるに至った。マタウの息子であるアタイエタは別の首長クランの成員であったが、この点について特に何もいわれなかった。

私もまたキースと同じように、島の人々全体と平等であろうとしたが、それが現実的には不可能であることから、お世話になった家族の一員としての立場を取ろうとしていたといえる。それは結果的に島の中のマジョリティのそれであったことは否定できない。

ナヌメアの人々からは、私は年長者と同列に扱われることが多かった。調査を進めていくうちに、何度も私は男性年長者に尋ねろ（*fesili ki toeaina*）と言われ、次第に話をする相手も男性年長者が多くなっていった。この傾向は、神話や首長制などの伝統に関する事がらについての調査を進めていくうちに、より強くなっていった。島会議では、年長者が座る位置に座らせてもらっていた。饗宴などでは社会的な地位が高い順に食べ物を取りに行くのだが、私は、首長と牧師の次に、年長者たちと一緒に取りに行くことが多かった。こうしたこと

199

もあり、私は多くの男性年長者と気軽に話せる関係になり、彼らの間で交わされる会話を自然に耳にすることが多かった。私の研究テーマである神話と首長制はナヌメアの大切な伝統として人々が誇りに思うものであり、人類学者が調査するのにふさわしいものであったに違いない。

　他方で、多くの若者からは遠い場所にいた。初めのうちは、ヤシ酒やラム酒などのお酒を若者と飲むこともあったが、参加者に平等についでくれるため、ついていけなくなることが多かった。飲み会で意外な本音が聞けたりするというのを、日本では調査のコツとしてよく聞くが、ツバルの人々は酔いつぶれるまで飲み続けることも多く、さらにお酒は若者が陰でこっそりと飲むものというように、あまりいいものと思われていないので、次第に飲みの誘いにも足が遠のいていった。こうして、家族を除けば、同世代の若者からは遠ざかってしまった一方で、ますます男性年長者からは模範的な人物として暖かく迎え入れられていった。

　調査にあたっては、なるべく多くの人々から意見を聞こうとした。しかし、こうした背景もあり、話を聞く相手は男性年長者が圧倒的に多くなってしまった。もちろん、若者や女性が神話や首長制についてどのようにとらえているのかなどは折に触れて聞いてきたが、本書で取り上げた事例は男性年長者が占めており、本書はナヌメアの人々のなかでも男性年長者の視点から神話と首長制をとらえたものになっている。もちろん、私はナヌメアの年長者になったわけではない。私はパーランギと呼ばれる外国人であったからこそ、多くの人々から神話と首長制についての貴重な話を聞くことができた。

　私は人類学者というパーランギであった。私は、政府で働くこともなく、医師として診療することもない。港や病院を建築することもなければ、漁撈や水産加工を指導するのでもない。環境保護や開発などといったテーマでワークショップを開くこともなかった。特に決められた仕事はなく、人々が行くところについていっては、写真を撮ったり、ノートに記録をつけたりしていた。ナヌメアの言葉や生活、伝統に興味を持ち、いろいろなことをたくさんの人に聞いた。ナヌメアでは、私がやっていたことは伝統について調べ、それを書くことと説明されることが多かった。「物語を取る人（tino puke tala）」と呼ばれた

終章　探求の「真実」

こともある。物語と訳したタラ（*tala*）は物語、ストーリー、ニュース、ちょっとした知識、神話、人々によって語られたことなどを含む[1]。

　ナヌメアの人々はこの人類学者という特殊なパーランギをすでに経験していた。キースである。そのため、私の調査は初めからキースのそれと同じようなものであると考えられていた。何をしにナヌメアに来たのかと聞かれた時には、私はツバルの伝統や日々の生活などを調査しに来たと答えていた。すると、決まって相手はキチ（キース）と同じだなと返してきた。次第に私もキチと同じでナヌメアのことについて調査しに来たんだと答えるようになった。ナヌメアでは人類学者とは何かについて、説明を要しないことが多かった。そのため、島会議で調査許可をえる際にも特に質問も出ず、キースと同じようにナヌメアの伝統について調査しに来た日本人の学生だから協力するようにと告知されただけであった。

　調査中、私は常にキースについての話を聞いた。人々がキースについて話す時、彼のことを肯定的に評価するものが多かった。キースがいかにツバル語、それも昔の正しいナヌメア方言を話したのか、キースがいかに伝統について知っていたのか。私はおろか、今のナヌメアの年長者よりもキースの方がよく知っているなどである。しかし、時に彼の欠点を指摘する発言も耳にした。キースはデタラメを聞かされて、それを書いてしまったというものであった。

　いずれにしても、私はキースの後に来た人類学者であった。そのため、神話や首長制について教えてくれというと、すでにキースの民族誌の中にすべての「真実」が書かれているというつれない返事をされたこともあった。そうした者の多くは、トゥーマウ・クランのソーセメアのようにすでにキースの民族誌に書かれており、そして島の中でも影響力を持つ神話や首長制のやり方を主張する者であった。他方で、マイナーな神話や首長制のやり方を主張する者は積極的に自らの「真実」の神話について私に語ってくれた。私に対してもっとも熱意を持って神話と首長制のあり方を教えてくれた者は本書で取り上げたライナであり、タウマヘケであった。

1）　なお、私は世帯調査を計４回実施し、その度に世帯の人数や家族は今どこにいるのかを尋ねたため、ある女性は私の仕事は島の人口を数えることだと思っていたようだ。

201

年長者の間という限定はつくものの、神話と首長制に関してはマイノリティの人々の意見を多く聞くことができたと感じている。もちろん、だからといって私の方がキースよりもナヌメアについての「真実」を知っていると主張するつもりはない。キースが現在、主流派であるトゥーマウ・クランの人々の働きかけを受けていたのと同様に、私もまた、キースの民族誌には掲載されていない神話を継承する者たちの働きかけを受けていたととらえた方が適切であろう。私はキースに代わって彼らのいう「真実」の神話を今度こそ書いてくれる者としてもとらえられていたのではないかと考えられる。

　その意味で、キースと同様に私の調査もまたナヌメアにおける神話をめぐる政治に絡めとられており、現地社会との複雑な関係性のなかで調査を進めてきたのだろう。そして、本書もまた人類学者キースの民族誌と同様に、現地社会の人々との関係性のなかで生まれたといえよう。

　冒頭でも触れたように、私はキースらの民族誌に導かれてナヌメアにたどり着き、気がつくとキースと同じようにナヌメアの神話と首長制を調査していた。そして、私もまた、遅まきながらナヌメアの神話と首長制をめぐる探求に参加し、ナヌメアの人々とともに「真実」を探し求めてきた。本書はその軌跡に他ならない。

あとがき

　2017年3月、およそ7年ぶりにツバルを訪れる機会を得た。残念ながら、わずか1週間足らず、それも首都フナフティのみの滞在で、ナヌメアには行くことは叶わなかった。それでも、久しぶりに首都で多くのナヌメアの人々に会い、首都在住ナヌメア人の島会議にも参加することができた。

　この7年の間に様々なことが起きていた。何人もの知り合いが病気で、あるいは不慮の事故で亡くなってしまった。すでにフェイスブックやメールを通して知ってはいたが、私を家族として迎え入れてくれた人の訃報を彼の地で改めて聞くと、悲しみを抑えきれなくなった。他方で、7年の歳月は少年が大人になり、結婚をし、そして子どもをもうけるのに十分な年数でもあった。新たに家族が増えると、悲しい気持ちも少し和らぎ、明るさを取り戻せた気がした。

　人々の移動はあまりにも頻繁であるので、誰がどこにいるのかは1週間では把握しきれなかった。あいかわらず、人々はナヌメア、首都フナフティ、キリバスやフィジー、ニュージーランドなどの間を行ったり来たりしていた。また、人の移動に加えて、世代交代もあって、フナフティ在住の年長者たちの多くが入れ替わっていた。私がよく知っているのは、たまたま2000年代にナヌメアやフナフティにいた人々であると改めて感じた。

　首都在住者からナヌメアの出来事について聞くと、2010年に首長だったカロトゥはすでに首長を退いており、現在は別の男性が即位しているという。カロトゥはフェタウ（fetau）というカヌーをつくる、島では貴重な木が次々と伝染病にかかってしまったのをみて、自ら退位を申し出た。それにより、この伝染病は収束したという。

　ツバルの人々の生活を長年にわたって支えてきた生協は倒産し、キリバス人

203

や華人が経営する品揃えがいい店が繁盛していた。バイクは調査時でもかなり一般的であったが、その数がかなり増加し、道を歩く人や自転車に乗る人は子供を除けば皆無になっていた。朝と夕方のラッシュ時にはバイクが多くてなかなか道を渡れないなんてことにもなっていた。スマートフォンやタブレットなども多くの人が持っていた。

　フナフティの景観も大きく変わっていた。ニュージーランド政府の援助によって、フナフティに存在したボローピットと呼ばれる巨大な窪地が埋め立てられた。この窪地は、戦時中、滑走路建設に使う土をアメリカ軍が掘った後の穴で、場所によっては常に淀んだ海水が溜まっていた。お世辞にも住みやすい環境とはいえないが、人口が集中するフナフティではこうした場所にもナヌメア人を含む多くの離島民が暮らしていた。それが、約70年ぶりに埋め立てられたのである。

　この埋め立ては気候変動へのレジリエンスを高めるという目的もあるという。フナフティではこの他にも気候変動への対策として、ツバル政府の支援により、多くの離島コミュニティが、集会所、貯水槽などを新たにつくりなおしていた。ナヌメアの人々の集会所も2015年に改築されており、今後、貯水槽を増設する計画であるという。景観が変わるのは首都だけでない。緑の気候基金（Green Climate Fund）という発展途上国の気候変動への適応策を支援する国際基金の支援を基にツバル政府はナヌメアを含むいくつかの離島で、サンドポンプを使った大規模な海岸造成を計画している。これが実施されれば、ナヌメアの景観も大きく変わっていくだろう。

　私が知っているのは2005年から2010年のツバルなのだと実感した。私の知っているツバルの民族誌的現在がどんどん古くなる中で、早くそれを出版しなければいけないという気持ちが強くなった。

　今から10年以上も前になるが、初めてツバルの土を踏んだ時のことは鮮明に覚えている。当時は、気候変動に直面する人々のことが知りたくて、海面上昇に「沈む島」といわれていたツバルを訪れた。現在でも、気候変動に関する研究を続けてはいるが、何本か論文を書いた後に、いつしかそれは調査のメイ

あとがき

ン・テーマではなくなっていた。代わりに取り組んできたのが、本書で取り上げてきた神話と首長制という「地味」なテーマであった。調査をしていた当時、すでに気候変動をめぐる問題はツバルの多くの人々に知られていたものの、それは遥かな未来の話として、漠然と受けとめられていた。そのため、人々に聞き取りをしても、なにか霞をつかむような手ごたえしか感じられなかった。他方で、そうした調査の合間に興味本位で神話や首長制について尋ねてみたら、よくぞ聞いてくれましたといわんばかりに喜々として多くのことを語ってくれたのに驚いた。正直にいうと、その時になって初めて、人類学のフィールドワークをやっているという実感を得ることができた。人々の興味のあることを調査するのが必ずしもいいとは思わないが、あまり興味のないことを聞くよりも単純に調査は面白かった。そうしたなかで、ナヌメアの人々の探求に引き込まれていった。

　本書の第4章でも引用したが、人類学者キース・チェンバースもまた、初めて神話を聞き取った時の感動を生き生きと回想している。出発前に民族誌のそのくだりを読んで、人類学者も案外単純なものだなと思っていたが、その時には自分もそうなるとは思ってもみなかった。ツバルに行こうと思い立ったのは気候変動に興味があったからという理由だったが、そのなかでもナヌメアを選んだのはキースの民族誌が大きかった。キースもまた、フィールドワークをするなかでナヌメアの神話にさらに魅かれていったのだろう。私はキースに引き寄せられてナヌメアにやってきて、そして、そのままキースと同じようにナヌメアの神話にのめりこんでいった。自分で選んだというよりも、キースとナヌメアの人々に導かれてきたという方が実感としてしっくりくる。

　気候変動と神話や首長制とはまったく別のテーマだと思っていたが、最近になって両者の意外な共通点を見出すことができそうな気がしている。気候変動の危機が、神話や首長制といった伝統的なものへの探求を強化しているという点もあるが、それだけではない。両者はともによくわからないものに対してどのように向き合うのかが問われている。神話も首長制も過去の歴史的な事実に基づくとされるが、その肝心の歴史的な事実が何かは実際のところよくわかっていない。気候変動も予測の精度が上がっているとはいわれているが、それが

205

本当にどの程度起きているか、あるいはこれから本当に起きるのかよくわから
ない。しかし、わからないからといってそれで終わりではない。何が「真実」
の神話かはよくわからないとしても、ナヌメアの人々は「真実」の神話に即し
た「真実」の首長制を実践する必要性に迫られている。気候変動も本当に起き
るかわからないが、もし起きた時のために何らかの対策を取る必要性に迫られ
ている。いってみれば、過去も未来も同様に不確実であり、そして、そんな不
確実さを見据えながら何か行動しなければならないのである。ただし、過去と
はすでに起こったことであり、不確実ながらもそれにまつわる情報は多い。対
して、未来はまだ起きていないことなので、どうしても情報量に乏しく、漠然
としたものになってしまう。なので、まずは過去をめぐる問題に手をつけた。
ツバルの人々は過去とどのように向き合い、どのようにしてそれを知ろうとし
ているのだろうか。それが本書で検討した探求である。今後は未来をめぐる探
求にも再び挑戦したい。

　本書の基となった調査研究は、以下の資金援助によって可能になった。独立
行政法人国際交流基金アジア次世代フェローシップ（2006年度）、公益信託澁
澤民族学振興基金大学院生等に対する研究活動助成（2008年度）、独立行政法
人日本学術振興会特別研究員（DC２）特別研究員奨励費（2009年度〜2010年
度）、特別研究員（PD）特別研究員奨励費（2012年度〜2014年度）。また本書
の出版は日本学術振興会の科学研究費補助金研究成果公開促進費（学術図書）
（2017年度、課題番号：17HP5116）によって可能になった。
　本書は、2014年２月に首都大学東京大学院人文科学研究科に提出した博士論
文『神話と首長制──ツバル・ナヌメア社会における「真実の物語」の探求を
めぐる民族誌』に加筆修正したものである。博士論文の審査を担当して下さっ
た棚橋訓先生（お茶の水女子大学）、高桑史子先生（首都大学東京）、綾部真雄
先生（首都大学東京）から多くのことを教わった。また、丹羽典生さん（国立
民族学博物館）には本書の基となる学術論文を作成する段階で、たびたびご批
判、ご助言をいただいた。本書の原稿に対して、もんでん奈津代さんよりコメ
ントをいただいた。出版に関して、立川陽仁さん（三重大学）にご紹介いただ

あとがき

き、御茶の水書房の小堺章夫さんに担当していただいた。他にも、出版に関して、馬場淳さん（和光大学）から有益なアドバイスをいただいた。寺尾萌さん（首都大学東京）にフォーマットを整えてもらい、日本語のチェックをしてもらった。使用した資料の一部は小西樹新さんよりいただいた。この4月に着任した東京経済大学は素晴らしい執筆環境を用意してくれた。

ツバル滞在中には数えきれないほど多くの人々に支えてもらった。特に、私を家族の一員として受け入れてくれたマタウ、ソヴォリ、アタイエタ、マフ、エミリアタ、エリネ、キヴォリ、アウリ、タプ、ノウ、タウエニ、テペア、ミラ、アミラレ、ペニスラ、ノア、ナカシア、テカウパには感謝してもしきれないくらいのことをしてもらった。他にもソケ、ソーセメア、ライナ、タウマヘケ、カロトゥ、ティリンガナ、アピネル、シキ、テメリにも実にさまざまなことを教えてもらった。Fakafetai!（ありがとう）

まだまだ至らない点も多いが、これで一応の区切りとなることができた気がする。ここまで研究を続け、そして、本書を刊行できたのも、皆様のご支援あってのものだと思う。一人一人のお名前を申し上げることはできないが、ここに記して深く感謝を申し上げる。

最後に、研究者という茨の道を進んだ私のことを常にあたたかく見守り続けてくれた、今は亡き父 小林伸比古、母 緑、そして、大学院から現在まで10年以上にわたり常に支えてくれた妻 佳江に心からの感謝を伝えたい。妻の支えがなければ、研究を続けられなかった。無事に生まれてきてくれた息子 丸人にも。ありがとう。Alofa atu

2017年12月吉日

小林　誠

初出一覧

　本書は2014年に首都大学東京大学院人文科学研究科に提出した博士学位論文（『神話と首長制——ツバル・ナヌメア社会における「真実の物語」の探求をめぐる民族誌』）を加筆修正したものである。

　また、本書の一部はすでに学術論文として公表されており、加筆修正した上で本書に再掲されている。

第2章「ポリネシア・ツバルの"環境難民"をめぐる覚書——海外移住に関する言説
　　　と現状の乖離」（『環境創造』13号、pp.73-84、2010年）。

第4章「関係性の中の民族誌——ポリネシア・ツバルにおける人類学者と現地社会と
　　　の関わり」（『コミュニケーション科学』45号、pp.125-141、2017年）。

第5章「神話の真実の在り処——ポリネシア・ツバルにおける憲章作成と合意の政
　　　治」（『アジア・アフリカ言語文化研究』86号、pp.5-30、2013年）。

第7章「伝統を知る方法——ツバル・ナヌメア島民による首長制と伝承をめぐる調
　　　査」（『社会人類学年報』弘文堂、38号、pp.57-79、2012年）。「豊穣か、幸
　　　福か——ポリネシア・ツバルにおける首長のカタの「効果」をめぐって」
　　　（『文化人類学』81巻2号、pp.322-331、2016年）。

参照文献

英語

Allen, M.

1984 "Elders, Chiefs and Bigmen: Authority, Legitimation and Political Evolution in Melanesia." *American Ethnologist* 11: 20-41.

ADB (Asian Development Bank)

2007 *Tuvalu 2006 Economic Report: From Plan to Action.* Asian Development Bank

Bedford, Richard D

1968 "Resettlement of Ellice Islanders in Fiji. *Auckland Student Geographer* 5: 49-58.

Bedford, Richard D., Barrie Macdonald and Doug Munro

1980 "Population Estimates in Kiribati and Tuvalu 1850-1900: Review and Speculation." *Journal of the Polynesian Society* 89(2): 199-246.

Besnier, Niko

1986b "Review of H. Laracy (ed.), Tuvalu, a History." *American Anthropologist* 88(1): 215-216.

1995 *Literacy, Emotion, and Authority: Reading and Writing on a Polynesian Atoll.* Cambridge: Cambridge University Press.

2009 *Gossip and the Everyday Production of Politics.* Honolulu: University of Hawai'i Press.

Boland, Stephen, and Brian Dollery.

2005 *The Economic Significance of Migration and Remittances in Tuvalu.* School of Economics, University of New England.

Borofsky, Robert

1987 *Making History: Pukapukan and Anthropological Constructions of Knowledge.* Cambridge: Cambridge University Press.

Brady, Ivan

1970 *Land Tenure, Kinship and Community Structure: Strategies for Living in the Ellice Islands of Western Polynesia.* Unpublished Ph. D. Dissertation in Anthropology. Eugene: University of Oregon.

1972 "Kinship Reciprocity in the Ellice Islands: An Evaluation of Sahlins' Model of the Sociology of Primitive Exchange." *Journal of the Polynesian Society* 81(3): 290-316.

1974 "Land Tenure in the Ellice Islands: A Changing Profile." In *Land Tenure in Oceania.* Henry P. Lundsgaarde (ed.), pp.130-178, Honolulu: University Press of Hawaii.

1975 "Christians, Pagans and Government Men: Culture Change in the Ellice Islands." In *A Reader in Culture Change, Vol. 2.* Ivan A. Brady and B. L. Isaac (eds.), pp.111-125, New York: Shenkman.

1976a "Socioeconomic Mobility: Adoption and Land Tenure in the Ellice Islands." In *Transactions in Kinship: Adoption and Fosterage in Oceania.* Ivan A. Brady (ed.), pp. 126-163, Honolulu: University Press of Hawaii.

1976b "Adaptive Engineering: An Overview of Adoption in Oceania." In *Transactions in Kinship: Adoption and Fostering in Oceania.* Ivan Brady (ed.), pp. 120-163, Honolulu: University Press of Hawaii.

1978 "Stability and Change: Wherewithall for Survival on a Coral Island." In *Extinction and Survival in Human Populations.* Charles D. Laughlin, Jr., and Ivan A. Brady (eds.), pp. 245-281, New York: Columbia University Press.

1985 "Review of H. Laracy (ed.), Tuvalu: A History." *Pacific History Bibliography and Comment 1985.* Journal of Pacific History.

Burt, B.

2002 "The Story of Alfred Amasia: Whose History and Whose Epistemology." *The Journal of Pacific History* 37(2): 187-204.

Campbell, Michael J.

1977 *Report on the Local Government System in Tuvalu and its Suitability for Independence.* Canberra: College of Advanced Education.

Chambers, Anne

1975 *Nanumea Report: A Socio-Economic Survey of Nanumea Atoll, Tuvalu.* Wellington: Department of Geography, Victoria University of Wellington.

1983 *Exchange and Social Organization in Nanumea, a Polynesian Atoll Society.*

参照文献

Unpublished Ph. D. Dissertation in Anthropology. Berkeley: University of California.

1986 *Reproduction in Nanumea (Tuvalu): An Ethnography of Fertility and Birth.* Auckland: Department of Anthropology, University of Auckland.

Chambers, Anne and Keith Chambers

1985 "Illness and Healing in Nanumea, Tuvalu." In *Healing Practices in the South Pacific.* Claire D. F. Parsons (ed.), pp.16-50, Laie: Brigham Young University/Institute for Polynesian Studies.

2007 "Five Takes on Climate and Cultural Change in Tuvalu." *The Contemporary Pacific* 19(1): 294-306.

Chambers, Keith

1981 "Color Categorization in Nanumea, a Polynesian Atoll Society." *Kroeber Anthropological Society Papers* 57/58: 65-97 (1978, copyright 1981).

1984 *Heirs of Tefolaha: Tradition and Social Organization in Nanumea, A Polynesian Atoll Community.* Unpublished Ph. D. Dissertation in Anthropology. Berkeley: University of California.

1990 "Review of Tito Isala and Doug Munro, Te Aso Fiafia." *Journal of the Polynesian* Society 99(4): 429-431.

Chambers, Keith and Anne Chambers

1975 "A Note on the Ellice Referendum." *Pacific Viewpoint* 16(2): 221-222.

2001 *Unity of Heart: Culture and Change in a Polynesian Atoll Society.* Prospect Heights, IL: Waveland Press.

2002 "Ethnographer as Maker and Taker in Tuvalu." In *Handle with Care: Ownership and Control of Ethnographic Materials.* Sjoerd Jaarsma (ed.), pp.151-174, Pittsburgh: University of Pittsburgh Press.

Chambers, Keith, Anne Chambers and Doug Munro

1978 "Sapolu, S. Percy Smith and a Tale from Nanumea." *Journal of the Polynesian Society* 87(1): 29-40.

Chambers, Keith and Doug Munro

1980 "The 'Mystery' of Gran Coral: European Discovery and Mis-Discovery in Tuvalu." Journal of the Polynesian Society 89(2): 167-198.

Christensen, Dieter

1964 "Old Musical Styles in the Ellice Islands, Western Polynesia." Ethnomusicology 8 (1): 34-40

Claessen, H.

2000 Ideology, Leadership and Fertility: Evaluating a Model of Polynesian Chiefship *Bijdragen tot de Taal-, Land- en Volkenkunde* 156 (4): 707-735.

Codrington, Robert Henry

1891 *The Melanesians: Studies in Their Anthropology and Folklore.* Clarendon Press: Dovcation.

Mrs. David, Edgeworth

1989 *Funafuti or Three Months on A Coral Atoll: An Unscientific Account of a Scientific Expedition.* London: John Murray, 1899

Douglas, Bronwen

1979 "Rank, Power, Authority: A Reassessment of Traditional Leadership in South Pacific Societies." *Journal of Pacific History* 14: 2-27.

Feinberg, Richard

2002 "Elements of Leadership in Oceania." *Anthropological Forum* 12(1): 9-44.

Feinberg, Richard and Watson-Gegeo

1996 "Introduction." In *Leadership and Change in the Western Pacific.* Richard Feinberg and Watson-Gegeo (eds.), pp.1-55. Athlone Press.

Firth Raymond

1940 "The Analysis of Mana: An Empirical Approach." *The Journal of Polynesian Society* 49(4): 483-510.

1960 "Succession to Chieftainship in Tikopia". *Oceania* 30(3): 161-180.

1961 *History and Traditions of Tikopia.* Polynesian Society.

1963 "Bilateral Descent Groups: An Operational Viewpoint." In *Studies in kinship and Marriage: dedicated to Brenda Z. Seligman on her 80th birthday* I. Schapera (ed.), pp.22-37, Royal Anthropological Institute Occasional Paper no.16.

1970 *Rank and Religion in Tikopia: A Study in Polynesian Paganism and Conversion to Christianity.* Beacon.

Fortes, Meyer

1945 The Dynamics of Clanship among the Tallensi: Being the First part of an Analysis of the Social Structure of a Trans-Volta Tribe. London; New York: The Oxford University Press.

参照文献

Geddes, W. H., Anne Chambers, Betsy Sewell, Roger Lawrence, and Ray Watters
1982 *Atoll Economy: Social Change in Kiribati and Tuvalu.* (Islands on the Line: Team Report.) Australian National University

Gegeo, David W.
1998 "Indigenous Knowledge and Empowerment: Rural Development Examined from Within." *The Contemporary Pacific* 10 (2): 289-315.

Gegeo, David W. and K. A. Watson-Gegeo
2001 ""How We Know": Kwara'ae Rural Villagers Doing Indigenous Epistemology." *The Contemporary Pacific* 13 (1): 55-88.

Godelier, Maurice
1986 *The Making of Great Men: Male Domination and Power among the New Guinea Baruya*, trans Rupert Swyer. Cambridge: Cambridge University Press.

Godelier, M. and M. Strathern (eds.)
1991 *Big Men and Great Men: Personifications of Power in Melanesia.* Reissue edition, Cambridge University Press.

Goldman, I.
1970 *Ancient Polynesian Society.* University of Chicago Press.

Goldsmith, Michael
1985 "Transformation of the Meeting-House in Tuvalu." In *Transformations of Polynesian Culture.* Antony Hooper and Judith Huntsman (eds), pp.151-175, Auckland: Polynesian Society.

1988 "Review of Tito Isala and Doug Munro, Te Aso Fiafia: Te Tala o te Kamupane Vaitupu." *New Zealand Journal of History* 22 (2): 182-183.

1989 *Church and Society in Tuvalu.* Unpublished Ph.D. Dissertation in Anthropology. Urbana, IL: Department of Anthropology, University of Illinois.

1990 "Review of Doug Munro, Suamalie Iosefa and Niko Besnier, Te Tala o Niuoku: The German Plantation on Nukulaelae Atoll, 1865-1890." *Pacifica* 2 (1): 137-140.

2010 "Historicising Gerd Koch's Ethnographic Films on Tuvalu." *Journal of Pacific History* 45 (1): 57-70.

Goldsmith, Michael and Doug Munro
1992a "Conversion and Church Formation in Tuvalu." *Asia Pacific Viewpoint* 46

(2): 105-114.

1992b "Encountering Elekana Encountering Tuvalu. In *Pacific History: Papers from the 8 th Pacific History Association Conference*. Donald H. Rubinstein (ed.), pp.25-42, Mangilao: University of Guam Press and Micronesian Area Research Center.

2002 *The Accidental Missionary: Tales of Elekana*. Christchurch: Macmillan Brown Centre for Pacific Studies, University of Canterbury.

Goodenough, Ward

1951 *Property, Kin and Community on Truk*. New Haven, Conn: Yale University Press.

1955 "A Problem in Malayo-Polynesian Social Organization." *American Anthropologist* 57: 71-83.

van der Grijp, Paul

2011 "Why Accept Submission? Rethinking Asymmetrical Ideology and Power." *Dialect Anthropology* 35 : 13-31.

2014 *Manifestations of Mana: Political Power and Divine Inspiration in Polynesia*. LIT Verlag.

Hanson, Allan

1989 "The Making of the Maori: Culture Invention and its Logic." *American Anthropologist* 91 (4): 890-902.

Hedley, Charles

1896 *General Account. The Atoll of Funafuti, Ellice Group*. Sydney: Australian Museum. (Memoir III, Part 1.)

1899 *The Ethnology of Funafuti. The Atoll of Funafuti, Ellice Group*. Sydney: Australian Museum. (Memoir III, Part 8.)

Hocart, A.M.

1914 Mana. *Man* 14: 97-101.

1927 *Kingship*. Oxford University Press.(『王権』 橋本和也訳、岩波書店)

Hogbin, H. I.

1936 "Mana." *Oceania* 6 : 241-274.

Howard, Alan

1985 "History, Myth and Polynesian Chieftainship: The Case of Rotuman Kings" In *Transformations of Polynesian Culture*. A. Hooper and J Huntsman (eds.) pp. 39-77. Auckland: Polynesian Press.

Huffer, Elise and Ropate Qalo

2004 "Have We Been Thinking Upside-Down?: The Cotemporary Emergence of Pacific Theoretical Thought." *The Contemporary Pacific* 16 (1): 87-116.

Huffer, Elise and Asofou So'o

2003 "Consensus versus Dissent: Democracy, Pluralism and Governance in Samoa." *Asia Pacific Viewpoint* 44 (3): 281-304.

2005 "Beyond Governance in Samoa: Understanding Samoan Political Thought." *The Contemporary Pacific* 17 (2): 311-333.

Isako, Taulu

1983 "Nanumea." In *Tuvalu: A History*. H. Laracy (ed.), pp.48-57, Suva: University of the South Pacific, Funafuti: Government of Tuvalu.

Isala, Tito

1979 "Date of Ellice Separation: A Correction." *Journal of the Polynesian Society* 88 (3): 239-240.

1983a "Secession and Independence." In *Tuvalu: A History*. H. Laracy (ed.), p.20, Suva: University of the South Pacific, Funafuti: Government of Tuvalu.

1983b "Tuvalu: Atoll Nation." In *Politics in Polynesia*. Ron Crocombe and Ahmed Ali (eds.), pp.20-33, Suva: Institute of Pacific Studies, University of the South Pacific.

1984 "Local Government in Tuvalu." *Administration for Development* 23: 1-12.

1987 "The Meaning of a Faatele: 'A Postscript to The Rise and Fall of the Vaitupu Company'. *Journal of Pacific History* 22(1/2): 108-110.

Isala, Tito mo Doug Munro

1987 *Te Aso Fiafia: Te Tala o te Kamupane Vaitupu 1877-1887*. Funafuti: USP center, Suva: Institute of Pacific Studies, USP.

Jackson, Geoffrey W.

2001 *Tuvaluan Dictionary: Tuvaluan-English, English-Tuvaluan*. Suva: Oceania Printers.

Jolly, Margaret and Nicholas Thomas

1992 "The Politics of Tradition in the Pacific." *Oceania* 62 (4): 241-248.

Keesing, Roger M.

1968 "Nonunilnieal Descent and Contextual Definition of Status: The Kwaio Evidence." *American Anthropologist* 70: 82-84.

1969 "Chiefs in Chiefless Society: The Ideology of Modern Kwaio Politics." *Oceania* 38: 276-280.

1984 Rethinking Mana. *Journal of Anthropological Research* 40: 137-156.

1989 "Creating the Past: Custom and Identity in the Contemporary Pacific." *The Contemporary Pacific* 1 (1, 2) 19-42.

Kennedy, Donald Gilbert

1931 *Field Notes on the Culture of Vaitupu, Ellice Islands.* Wellington: The Polynesian Society, Memoir no.9.

1945 *Te Ngangana a te Tuvalu: Handbook on the Language of the Ellice Islands.* Suva: Government Printer.

1953 "Land Tenure in the Ellice Islands." *Journal of the Polynesian Society* 62 (4): 348-358.

Kobayashi, Makoto

2013 "Ensuring Human Security in "the Sea of Islands": A Case Analysis on Tuvaluan Repatriate Migrants from Nauru and its Implication for an Adaptation Strategy against Sea-level Rise." *Galaxea, Journal of Coral Reef Studies* (Special Issue): 396-399.

Koch, Gerd

1981 *Material Culture of Tuvalu.* Guy Slatter (trans.), Suva: Institute of Pacific Studies, University of the South Pacific

1984 "Sozio-Kulturelle Varianten Beim Fischfang in den Archipelen Tuvalu und Kiribati [Socio-Cultural Variations of Fishing in the Tuvalu and Kiribati Archipelagoes]." In Bela Gunda (ed.), *The Fishing Culture of the World.* Budapest: Akademiai Kiado. Vol. II.

2000 *Songs of Tuvalu.* (Guy Slatter, trans.) Suva: Institute of Pacific Studies, University of the South Pacific.

Koch, Klaus-Friedrich

1978 *Logs in the Current of the Sea. Neli Lifuka's Story of Kioa and the Vaitupuan Colonists.* Canberra: Australian National University Press.

Laracy, Hugh

2013 *Watriama and Co: Further Pacific Islands Portraits.* Canberra: ANU Press.

Laracy, Hugh (ed.)

1983 *Tuvalu. A History*. Suva: Institute of Pacific Studies and Extension Services, University of the South Pacific / Funafuti: Ministry of Social Services, Government of Tuvalu.

Larmour, Peter

2005 *Foreign Flowers: Institutional Transfer and Good Governance in The Pacific Islands*. Honolulu: University of Hawai'i Press.

Lawson, Stephanie

2006. "Democracy, Power and Political Culture in the Pacific." *The Journal of Pacific Studies* 29 (1): 85–108.

Lindstrom, Lamont and G. White

1997 "Introduction: Chiefs Today." In Chiefs Today: *The Traditional Pacific Leadership and the Postcolonial State*. G. White and L. Lindstrom (eds.), pp.1–18. Stanford University Press.

Linnekin, Jocelyn

1983 "Defining Tradition: Variations on the Hawaiian Identity." *American Ethnologist* 10 (2): 241–252.

1991 "Cultural Invention and the Dilemma of Authenticity." *American Anthropologist* 93: 446–449.

1992 "On the Theory and Politics of Cultural Construction in the Pacific." *Oceania* 62–4: 249–263.

Lüem, Barbara

1996 "A New King for Nanumaga: Changing Demands of Leadership and Authority in a Polynesian Atoll Society." In *Leadership and Change in the Western Pacific*. R. Feinberg and K.A. Watson-Gegeo (eds.), pp.129–141, London: The Athlon Press.

Macdonald, Barrie

1971a *Policy and Practice in an Atoll Territory: British Rule in the Gilbert and Ellice Islands, 1892-1970*. Unpublished Ph. D. Dissertation in History. Canberra: Australian National University.

1971b "Local Government in the Gilbert and Ellice Islands, 1892-1969. Part I." *Journal of Administration Overseas* 10 (4): 280–293.

1972 "Local Government in the Gilbert and Ellice Islands, 1892-1969. Part II." *Journal of Administration Overseas* 11 (1): 11–27.

1982 *Cinderellas of the Empire: Towards a History of Kiribati and Tuvalu*. Canberra: Australian National University Press.

1985 "Review of H. Laracy (ed.), Tuvalu, a History." *New Zealand Journal of History* 19 (1): 89–90.

Macrae, S.

1980 "Growth and Distribution of the Population since 1973." In *A Report on the Results of the Census of the Population of Tuvalu*. Funafuti: Government of Tuvalu.

Marcus, George

1989 "Chieftainship." In *Development in Polynesian Ethnology*. A. Howard and R. Borofsky (eds.), pp.175–209, Honolulu: University of Hawai'i Press.

Maude, H. E.

1968 *Of Islands and Men: Studies in Pacific History*. Melbourne: Oxford University Press.

1981 *Slavers in Paradise. The Peruvian Labour Trade in Polynesia*, 1862–64. Canberra: Australian National University Press.

McLeod, Abby

2007 *Literature Review of Leadership Models in the Pacific*. State Society and Governance in Melanesia Program Discussion Paper Research School of Pacific and Asian Studies, ANV.

McQuarrie, Peter

1976 "Nui Island Sailing Canoes." *The Journal of the Polynesian Society* 85 (4): 543–547.

1994 *Strategic Atolls: Tuvalu and the Second World War*. Christchurch: Macmillan Brown Centre for Pacific Studies, University of Canterbury, Suva: Institute of Pacific Studies, University of the South Pacific.

Meyer, M. A.

2001 "Our Own Liberation: Reflections on Hawaiian Epistemology." *The Contemporary Pacific* 13 (1): 124–148.

Mosko, Mark S.

1995 "Rethinking Trobriand Chieftainship." *Journal of Royal Anthropological Institute* (n.s.) 1: 763–785.

2012 "The Making of Chiefs: 'Hereditary Succession', Personal Agency and Exchange in North Mekeo Chiefdoms." In *The Scope of Anthropology: Maurice Godelier's Work in Context.* Laurent Dousset and Serge Tcherkézoff (eds.), pp. 155-186. Berghahn Books.

Mullane, Thomas James

2003 *Spiritual Warfare and Social Transformation in Fiji: The Life History of Loto Fiafia of Kioa. Diss.* University of Pittsburgh.

Munro, Doug

1978 "Kirisome and Tema: Samoan Pastors in the Ellice Islands." In *More Pacific Islands Portraits.* Deryck Scarr (ed.), pp.75-93, Canberra: Australian National University Press.

1982 *The Lagoon Islands. A History of Tuvalu 1820-1908.* Unpublished Ph. D. Dissertation in History. Sydney: Macquarie University.

1986 "Review of H. Laracy (ed.), Tuvalu, a History." *Journal of the Polynesian Society* 95 (3): 392-395.

1987 "The Lives and Times of Resident Traders in Tuvalu: An Exercise in History from Below." *Pacific Studies* 10 (2): 73-106.

1990a "Migration and the Shift to Dependence in Tuvalu: A Historical Perspective." In *Migration and Development in the South Pacific.* John Connell (ed.), pp.29-43, Canberra: National Centre for Development Studies, Research School of Pacific Studies, The Australian National University.

1990c "The Peruvian Slavers in Tuvalu, 1863: How Many Did They Kidnap?" *Journal de la Société des Océaniste*s 90 (Année 90 - 1): 43-52.

1992 "Gilbert and Ellice Islanders on Queensland Canefields, 1894-1899." *Journal of the Royal Historical Society of Queensland* 14 (11): 449-465.

1995 "Pacific Islands History in the Vernacular: Practical and Ethical." *New Zealand Journal of History* 29 (1): 83-96.

1996 "Samoan Pastors in Tuvalu, 1865-1899." In *The Covenant Makers: Islander Missionaries in the Pacific.* Doug Munro and Andrew Thornley (eds.), pp.124-157, Suva: Pacific Theological College and The Institute of Pacific Studies, University of the South Pacific.

2000 "The Humble Ieremia: A Samoman [sc. Samoan] Pastor in Tuvalu, 1880-1890 [sc.1895]." *Pacific Journal of Theology, Series II,* 23: 40-48.

Munro, Doug and Richard Bedford

1990 "Labour Migration from the Atolls: Kiribati and Tuvalu." In *Labour in the South Pacific*. Clive Moore, Jacqueline Leckie and Doug Munro (eds.), pp.172-??, Townsville: James Cook University.

Munro, Doug and Niko Besnier

1985 "The German Plantation at Nukulaelae Atoll." *Oral History Association of Australia Journal* 7 : 84-91.

Munro, Doug and Keith S. Chambers

1989 "Dupery and the Discovery of Nanumaga in 1824: An Episode in Pacific Exploration." *The Great Circle* 11 (1): 37-43.

Munro, Doug and Stewart Firth

1986 "Towards Colonial Protectorates: The Case of the Gilbert and Ellice Islands." *Australian Journal of Politics and History* 32 (1): 63-71.

Munro, Doug, Suamalie Iosefa, and Niko Besnier

1990 *Te Tala o Niuoku: The German Plantation on Nukulaelae Atoll, 1865-1890*. Funafuti: Tuvalu Extension Centre / Suva: Institute of Pacific Studies, University of the South Pacific.

Munro, Doug and Teloma Munro

1985 "The Rise and Fall of the Vaitupu Company: An Episode in the Commercial History of Tuvalu." *Journal of Pacific History* 20 (3/4): 174-190.

Murray, A.W.

1876 *Forty Years' Mission Work in Polynesia and New Caledonia, from 1835 to 1875*. London: James Nisbet.

Nader, Laura

1990 *Harmony Ideology: Justice and Control in a Zapotec Mountain Village*. Stanford University Press.

Noricks, Jay S.

1981 *Niutao Kinship and Social Organization*. Unpublished Ph. D. Dissertation in Anthropology. Philadelphia: University of Pennsylvania.

1983 "Unrestricted Cognatic Descent and Corporateness on Niutao, a Polynesian Island of Tuvalu." *American Ethnologist* 10 (3): 571-584.

1989 "Review of Tito Isala and Doug Munro, Te Aso Fiafia: Te Tala o te Kamupane Vaitupu, 1877-1887." *Journal of Pacific History* 24 (2): 253-254.

Paeniu, Bikenibeu

1995 *Traditional Governance and Sustainable Development in the Pacific.* Canberra: Australian National University, Research School of Pacific and Asian Studies, Economics Division, Working Paper 95/6.

Peterson, Glenn

1999 "Sociopolitical Rank and Conical Clanship in the Caroline Islands." *Journal of the Polynesian Society* 108: 364-410.

Powell, Thomas

1878 "South Seas: Tokelau, Ellice and Gilbert Groups." *The Chronicle of the London Missionary Society* 1878: 197-202.

Puapua, Tomasi

1983 "Foreward." *In Tuvalu: A History.* H. Laracy (ed.), p.7, Suva: University of the South Pacific, Funafuti: Government of Tuvalu.

Quanchi, M.

2004 "Indigenous Epistemology, Wisdom and Tradition: Changing and Challenging Dominant Paradigms in Oceania." Paper Presented to the Social Change in the 21st Century Conference. Center for Social Change Research, Queens land University of Technology.

Ranby, Peter

1980 *A Nanumean Lexicon. Pacific Linguistic Series C-No.65.* Canberra: Australian National University.

Roberts, R. G.

1957 "Four Folk Tales from the Ellice Islands." *Journal of the Polynesian Society* 66 (4): 365-373.

1958 "Te Atu Tuvalu: A Short History of the Ellice Islands." *Journal of the Polynesian Society* 67 (4): 394-423.

Sahlins, Marshall

1958 *Social Stratification in Polynesia.* University of Washington Press.

1963 "Poor Man, Rich Man, Big Man, Chief: Political Types in Melanesia and Polynesia." *Comparative Studies in Society and History* 5: 285-303.

Salmond, A.

1989 "Tribal Words, Tribal Worlds: The Translatability of Tapu and Mana." In *Culture, Kin, and Cognition in Oceania: Essays in Honour of Ward H. Goodenough.* M. Marshall and J. L. Caughey (eds.) pp.55-78. American

Anthropology Association.

Sanjek, R.

1993 "Anthropology's Hidden Colonialism: Assistants and Their Ethnographer." *Anthropology Today* 9(2): 13-18.

Scheffler, H. W.

1964 "Descent Concepts and Descent Groups: The Maori Case." *The Journal of Polynesian Society* 73: 126-133.

Selu, Elisala

2007 *Perspectives and Barriers of Ecumenical Cooperation in Tuvalu with Focus on the Ekalesia Kelisiano Tuvalu.* A Thesis Presented to the Faculty of the Pacific Theological College, Suva. In Partial Fulfillment of the Requirements for the Master of Theology Degree.

Seluka, Albert

2002 *The Evolution of Traditional Governance in Tuvalu.* Unpublished Master Dissertation in Laws. Port Vila: University of the South Pacific.

Sholomowitz, R and Munro, D.

1992 The Ocean Island (Banaba) and Nauru Labour Trade, 1900-1940. *Journal de la Société des Océanistes* 94: 103-117.

Shore, Bradd

1989 "Mana and Tapu." In *Developments in Polynesian Ethnology.* Howard, A. and R. Borofsky (eds.), pp.137-173, University of Hawai'i Press.

Simati, Aunese Makoi, and John Gibson

1998 "Do Remittances Decay?: Evidence from Tuvaluan Migrants in New Zealand." Department of Economics, University of Waikato, 1998.

Sogivalu, Pulekai A.

1992 *A Brief History of Niutao.* Suva: Institute of Pacific Studies and the Tuvalu Centre, USP.

Sommerhauser, John

1988 "Review of Tito Isala and Doug Munro, Te Aso Fiafia." *Australian Journal of Politics and History* 34 (3): 463-464.

Spencer, Dimitrina

2010 "Emotional Labour and Relational Observation in Anthropological Fieldwork." Anthropological Fieldwork: A Relational Process. Dimitrina Spen-

参照文献

cer and James Davies (eds.), Cambridge Scholars Publishing.

Taafaki, Tauaasa and Janaline Oh

1995 Governance in the Pacific: Politics and Policy in Tuvalu. Canberra: Austral-
ian National University, Research School of Pacific and Asian Studies.
(Economics Division Working Paper 95/9.).

Temple, B. and R. Edwards

2002 "Interpreters/Translators and Cross-Language Research: Reflexivity and
Border Crossings." *International Journal of Qualitative Methods*: 1 (2):
1-22.

Thomas, Nicholas

1992 "The Inversion of Tradition." American Ethnologist 19: 213-232.

Tomlinson, Matt.

2006 Retheorizing Mana: Bible Translation and Discourse of Loss in Fiji. *Oceania*
76 (2): 173-185.

2007 Mana in Christian Fiji: The Interconversion of Intelligibility and Palpability
Journal of the American Academy of Religion 75 (3): 524-553.

2009 Efficacy, Truth, and Silence: Language Ideologies in Fijian Christian Conver-
sions. *Comparative Studies in Society and History* 51 (1): 64-90.

Tomlinson, Matt and Ty P. Kāwika Tengan (eds.)

2016 *New Mana: Transformations of a Classic Concept in Pacific Languages and
Cultures.* ANU Press.

Trask, Haunani Kay

1991 "Natives and Anthropologists: The Colonial Struggle." The *Contemporary
Pacific* 3: 159-167.

Turbott, I. G.

1949 "Diets, Gilbert and Ellice Islands Colony." *The Journal of the Polynesian So-
ciety* 58 (1): 36-46.

1950 "Fishing for Flying-Fish in the Gilbert and Ellice Islands." *The Journal of
the Polynesian Society* 59 (4): 349-367.

Turner, S.

2010 "The Silenced Assistant: Reflections of Invisible Interpreters and Research
Assistants." *Asia Pacific Viewpoint* 51 (2): 206-219.

Tyler, David B.

225

1968 *The Wilkes Expedition. The First United States Exploring Expedition* (*1838-42*). Philadelphia: American Philosophical Society

White, G. M.

1965 *Kioa: An Ellice Community in Fiji.* Eugene: Department of Anthropology, University of Oregon.

Whitmee, S.J.

1871 *A Missionary Cruise to the South Pacific* (2nd Edition). Sydney: Joseph Cook.

1879 "The Ethnology of Polynesia." *Journal of the Anthropological Institute of Great Britain and Ireland* 8：261-274.

Wood, H.

2003 "Cultural Studies for Oceania." *The Contemporary Pacific* 15（2）：340-374.

Wooland, K. A.

1985 "Language Variation and Cultural Hegemony: Toward an Integration of Sociolinguistic and Social Theory." *American Ethnologist* 12: 738-748.

日本語

荒木晴香

2010a 「ツバル・ニウタオ島の饗宴に現れる社会関係」、『日本オセアニア学会 NEWS-LETTER』97：12-23。

2010b 「もてなしの世界——饗宴を通して知るツバル文化」『南太平洋メラネシア・ポリネシアを知るための58章』吉岡政徳・石森大知（編）、pp.196-200、明石書店。

2012a 「ツバル、ニウタオ島のチーフ制度の『伝統』と現在」、『比較文化研究 No.102』。

2012b 『饗宴の民族誌——ツバル・ニウタオ島社会の生活と「ゆたかさ」』博士学位論文、広島大学。

小田　亮

1997 「ポストモダン人類学の代価——ブリコルールの戦術と生活の場の人類学」『国立民族学博物館研究報告』21（4）：807-875。

春日直樹

2002 「首長制の深淵」『オセアニア・ポストコロニアル』春日直樹（編）、pp.109-142、国際書院。

2009 「物語と人と現実とのもう一つの関係——メラネシアから考える」『歴史／物語の哲学』、pp.141-160、岩波書店。

川田順造

1976 『無文字社会の歴史』岩波書店。

小林　誠

2010 「ポリネシア・ツバルの"環境難民"をめぐる覚書——海外移住に関する言説と現状の乖離」、『環境創造』13: 73-84。

小松和彦

1997 「序　物語る行為をめぐって——『歴史』から『神話』へ」『神話とメディア』、pp.1-43、岩波書店。

ギアーツ、クリフォード

1991 『ローカル・ナレッジ——解釈人類学論集』(梶原景昭・小泉潤二・山下晋司・山下淑美訳)岩波書店。

クリフォード、ジェイムズ　ジョージ・マーカス(編)

1996 『文化を書く』(春日直樹・和邇悦子・足羽與志子・橋本和也・多和田裕司・西川麦子訳)紀伊國屋書店。

サーリンズ、マーシャル

1993 『歴史の島々』山本真鳥訳、法政大学出版局。

須藤健一

2000 「序論——島嶼国の今日的問題」『オセアニアの国家統合と国民文化』須藤健一(編)、pp.1-10、JCAS連携研究成果報告2。

白川千尋

1998 「ヴァヌアツ・トンゴア社会における称号制度」『国立民族学博物館研究報告』　23（2）：267-319。

高山純・齋藤あかね・高山研磨

2006 『中部太平洋ツヴァル国考古学への誘い』ニューサイエンス社。

竹沢尚一郎

1997 「神話と権力」『神話とメディア』pp.99-121、岩波書店。

槌谷智子

1999 「石油開発と『伝統』の創造——パプアニューギニア・フォイ社会の『近代』との葛藤」杉島敬志(編)『土地所有の政治史——人類学的視点』、pp.251-173、風響社。

西本陽一

2006　「神話の政治学と両義性——山地民ラフの『文字／本の喪失』の物語」『金沢
　　　　　　大学文学部論集　行動科学・哲学編』26: 101-120。

橋本和也
　　1996　『キリスト教と植民地経験——フィジーにおける多元的世界観』人文書院。

浜本　満
　　2015　「致死性の物語とフィールドワークの知——ある青年の死をめぐって」『文化
　　　　　　人類学』80(3): 341-362。

東　裕
　　2003　「パシフィック・ウェイという生き方——フィジーにおける政治生活を中心
　　　　　　に」『太平洋アイデンティティ』須藤健一（編）、pp.15-41、国際書院。

福井栄二郎
　　2005　「伝統文化の真正性と歴史認識——ヴァヌアツ・アネイチュム島におけるテ
　　　　　　ネグと土地をめぐって」『文化人類学』70（1）: 47-76。

マリノフスキ、ブロニスワフ
　　2010　『西太平洋の遠洋航海者』（増田義郎訳）講談社。

マリノフスキー、ブロニスラフ
　　1987　『マリノフスキー日記』（谷口佳子訳）平凡社。
　　1997　『呪術・科学・宗教・神話』人文書院（Bronislaw Malinowski. 1948 *Magic,
　　　　　　Science and Religion, and Other Essays. Doubleday* Anchor Books.）。

宮崎広和
　　1999　「政治の限界」『オセアニア・オリエンタリズム』春日直樹（編）、pp.179-203、
　　　　　　世界思想社。

吉岡政徳
　　1993　「ビッグマン制・階梯制・首長制」『オセアニア2　伝統に生きる』須藤健一、
　　　　　　秋道智彌、崎山理（編）、pp.177-194、東京大学出版会。
　　2005　『反・ポストコロニアル人類学——ポストコロニアルを生きるメラネシア』
　　　　　　風響社。
　　2011　『島嶼国ツバルの現実』神戸大学大学院国際文化学研究科。

リーチ、エドモンド
　　1995　『高地ビルマの政治体系』弘文堂（Edmund R. Leach. 1954. Political systems
　　　　　　of Highland Burma: A Study of Kachin Social Structure. Cambridge:
　　　　　　Harvard University Press.）。

参照文献

その他資料
ツバル政府

Bedford, Richard and Doug Munro

1980 "Historical Background." In *A Report on the Results of the Census of the Population of Tuvalu*. Funafuti: Government of Tuvalu: pp.1-13.

Central Statistics Division

2008 Bianual Statistical Report June 2008. Funafuti: Central Statistics Division, Government of Tuvalu.

Groenewegen, K and E. Bailey

1975 Gilbert and Ellice Islands Colony: Report on the 1973 Census of Population. Volume 1 : Basic Information.

Secretariat of the Pacific Community

2004 *Tuvalu 2002 Population and Housing Census: Administrative Report and Basic Tables*. Secretariat of the Pacific Community

2005 *Tuvalu 2002 Population and Housing Census*. Volume 1- Analytical Report. Secretariat of the Pacific Community

Tuvalu, Government of

1980 *A Report on the Results of the Census of the Population of Tuvalu 1979*. Tuvalu, Government

2015 *Tuvalu 2012 Population and Housing Census: Preliminary Analytical Report*. Governmnet of Tuvalu.

Tuvalu Statistics

2015 "Tuvalu Statistics at a Glance." (http://tuvalu.prism.spc.int/)

Wit, N.

1980 "Social Characteristics." In *Government of Tuvalu 1979. A Report on the Results of the Census of the Population of Tuvalu*, pp.61-68, Funafuti: Government of Tuvalu.

ナヌメア・コミュニティ

Fenua o Nanumea

2004 *Tupuga, Faiga mo Iloga faka Nanumea*. (Ata Fakatautau Fou 'Kī)

229

ツバル・キリスト教会

EKT (Ekalesia Kelisiano Tuvalu)

 2002 *Fakavae ote Ekalesia Kelisiano Tuvalu.*

Ekalesia Nanumea

 2008 *Lipoti te Ekalesia Nanumea* 01:01:08—31:12:08

ナヌメア生協

Nanumea Fusi

 n.d. "Nanumea Master Sheet 2007-2008."

ギルバート・エリス諸島植民地

Cartland, B.C.

 1952 *Memorandum on land-hunger in the Gilbert and Ellice Islands Colony.*

Maude, H. E.

 1937 *Report on Colonization of the Phoenix Islands By the Surplus Population of the Gilbert and Ellie Islands.* Gilbert and Ellice Islands Colony.

 1948 *Colonization Experiments in Central Pacific Gilbert and Ellice Islands Colony.*

西太平洋高等弁務官

Campbell

 1901 Campbell to O'Brien, 25 May 1901, WPHC 4-102/1901

ニュージーランド政府

Statistics New Zealand

 2002 *2001 Census of Population and Dwellings: Ethnic Groups.* Wellington: Statistics New Zealand.

 2007 *Tuvaluan People in New Zealand: 2006.* (revised 2008) Wellington: Statistics New Zealand.

その他

Pease, Henry

 1962 Adventure on St. Augustine island. The Dukes County Intelligencer. May, 1962.

Samuels George Siosi

 2009 Tales from Nanumea: Pai & Vau (https://vimeo.com/3180693)

人名索引

あ行

アリキ・ア・ムア　29, 44, 46, 48, 49, 104, 107, 131, 132, 146, 164, 169

イリアラ　46, 129, 185-189

ヴァハ　124, 133

か行

ケネディ、ドナルド　23, 80

さ行

ソーセメア　51, 106, 110, 112, 130, 146, 186, 201

た行

タウマヘケ　110, 111, 177, 178, 179, 180, 182-189, 193, 194, 195, 197, 201

タギシア　119, 121, 122, 130, 136, 137

タキトゥア　103, 105, 106, 110, 122, 129, 168

チェンバース夫妻　5, 84, 97

チェンバース、アン　4, 84, 97, 113-116, 180

チェンバース、キース　4, 5, 14, 15, 51, 81, 91, 93-112, 113-115, 121, 122, 131, 140, 141, 152, 157, 161, 162, 163, 164, 175, 180, 181, 182, 192, 193, 194, 195, 199, 201

テポウ　106, 110, 122, 168, 181

トゥーマウ　29, 42, 45, 46, 48-52, 75, 105, 110, 112, 129, 130, 140, 141, 144-154, 169, 170, 179, 184, 185, 186, 187, 194, 195, 199, 201

な行

ノア　46, 121, 142, 143, 146, 148, 152, 153

は行

パエニウ、ビケニベウ　28, 29, 90

ポロンガ　29, 44, 45, 110, 130, 179, 180, 185, 187

ま行
マリノフスキー　6, 7, 94, 95, 96

ら行
ライナ　46, 51, 110, 121, 131, 132, 142, 146-148, 153, 157, 161-175, 184, 186, 188, 193-197, 201

ロゴタウ　42, 104, 123, 124, 127, 129

事項索引

あ行

争い　6, 31, 37, 47, 50, 51, 74, 99, 100, 105, 106-108, 112, 119, 121, 130, 133, 134, 135, 139, 142, 143, 146, 147, 148, 152, 154, 167, 168, 170, 171, 173, 174, 184, 186, 187, 188, 192, 193, 194, 195, 196, 島を二分する――74, 121, 142, 143, 146, 147, 152, 170, 184, 192

か行

カウンシル　ix, 23, 24, 29, 30, 31, 32, 38, 39, 51, 89, 90, 98, 99, 100, 101, 102, 111, 153, 194, ――議員 38, 51, 52, 89, 98

カタ　ix, 46, 47, 157, 167, 171, 172, 173, 174, 175

かわいそう　ix, 99, 142, 188

完全　135, 136, 138, 168, 169, 183, 184, 189, 196, 197, 198

キースの民族誌　5, 14, 15, 81, 93, 94, 101, 103, 108-112, 115, 116, 122, 124, 140, 167, 180, 193, 194, 201, 202

饗宴　ix, 27, 30, 31, 34, 42, 45, 48, 49, 50, 52, 53, 62, 71, 72, 73, 74, 130, 131, 140, 146, 147, 162, 170, 183, 186, 188, 199

キリスト教　21, 22, 23, 34, 36, 37, 39, 44, 79, 80, 81, 84, 85, 86, 88, 91, 99, 102, ――の教会 19, 22, 23, 25, 26, 34, 35, 36, 37, 38, 39, 42, 45, 52, 61, 62, 63, 72, 81, 85, 89, 90, 142, 199, ――の牧師 22, 23, 28, 30, 34, 36, 37, 38, 45, 72, 87, 90, 99, 101, 199, ――の信徒 19, 21, 22, 23, 34, 37, 81, 142, 199

キリバス　19, 23, 24, 26, 28, 40, 41, 42, 69, 70, 104, 123, 129, 178, 179

ギルバート諸島　23, 24, 60, 82, 84, 86, 89, 97, 109, 161

憲章　7, 15, 43, 119-138, 139, 175, 180, 182, 183, 184, 192, 193, 196

憲章委員会　119-138, 182

現地人研究者　12, 13

合意　4, 5, 14, 15, 27, 32, 46, 75, 90, 91, 119, 120, 128, 133-138, 139-154, 157, 170, 184-189, 192-197, 「――の政治」134

幸福　27, 73, 134, 140, 173, 174, 188, 189, 195, 197

233

コピティ　ix, 22

さ行

サルベージ（民族誌）　79, 81, 101, 102, 104, 111, 192

島会議　ix, 24, 27-30, 31, 34, 38, 39, 46, 48, 49, 50, 51, 52, 72-75, 89, 90, 98, 101, 109, 110, 120, 121, 128, 136, 140, 142, 143, 145, 147, 152, 153, 170, 177, 185-188, 196, 199, 201, 203

集会所　ix, 25, 26, 27-32, 34, 37, 38, 39, 42, 48, 49, 50, 51, 61, 71, 73, 75, 89, 90, 101, 120, 122, 131, 136, 140, 141, 142, 143, 144, 145, 146, 147, 148, 149, 150, 151, 152, 153, 154, 170, 181, 186, 187, 204

祝福　ix, 47, 50, 140, 171, 173, 174, 186, 196

首長　——の即位48, 50, 52, 75, 129, 130, 131, 133, 141, 143, 146, 147, 148, 149, 151, 152, 153, 163, 169, 170, 173, 179, 185, 186, 187, 188, 195, 203, ——の選出45, 46, 51, 52, 75, 107, 111, 124, 127, 129, 140, 143, 144, 145, 146, 147, 148, 149, 151, 152, 179, 187, 199, ——の退位46, 48, 49, 50, 74, 129, 141, 143, 144, 145, 146, 147, 148, 150, 151, 152, 153, 169, 186, 203, ——の即位儀礼49, 50, 53, 140, 143, 147, 149, 152, 170

首長クラン　ix, 29, 38, 40, 42, 44, 45, 46, 48, 49, 98, 105, 110, 111, 112, 129, 140, 141, 145, 146, 148, 151, 153, 185, 194, 199, ——会議ix, 29, 30, 31, 32, 36, 38, 39, 44, 46, 48, 98, 99, 100, 101, 102, 105, 108, 110, 111, 129, 140, 141, 150-153, 185, 194

首都在住のナヌメア人　15, 16, 72-75, 86, 119-122, 133, 134, 135, 137, 139, 142, 143, 148, 152, 153, 154, 170, 175, 177, 180, 181, 182, 184, 187, 192, 193, 194, 196, 203

証拠　9, 36, 161, 167, 172, 173, 175

証明　5, 15, 157, 169, 171, 172, 175, 193, 195, 196

植民地　——支配8, 11, 23, 24, 29, 39, 44, 59, 81-84, 86-88, 90, 98, 99, 139, 158, ——行政府23, 24, 39, 60, 81, 82, 85, 91, 97, 98, 106, 115, ——行政官23, 59, 79, 80, 81, 82, 91, 105, 180

生活協同組合（生協）　48, 50, 52, 63, 203

政治（性／的）　7-13, 22, 23, 24, 34, 45, 46, 47, 52, 74, 85, 89, 105, 106, 108, 110, 111, 112, 115, 121, 122, 129, 130, 135, 137, 140, 141, 153, 154, 158, 165, 183, 186, 192, 194, 195, 202

正当化　6, 7, 8, 10, 42, 46, 105, 109, 129, 130, 132, 137, 159, 160, 161, 164, 171, 173, 179, 187, 188, 189, 194, 195

政府　97, 98, 99, 101, 102, 143, 148, 170, 194, 200, 204, 島——26, 29, 30, 31, 32, 33, 34, 38, 63, 90, 98, 108, 150, 194, 200

事項索引

成文 ——化 15, 120, 139, 142, 143, 152, 154, 187, 189, 192, 194, ——法 148-152, 154, 184, 187, 195

セブンスデイ・アドベンティスト 34, 121, 142

宣教師 22, 36, 43, 79, 80, 81, 87, 91, 121, 142

双分組織 ix, 30, 31, 38, 52, 100, 101, 115, 142, 143, 147, 170, 199

村落 14, 22, 25, 26, 30, 37, 38, 41, 100, 142, 147, 170, 199

た行

多様性 122, 135, 136, 138, 184

調停 121, 126, 133, 134, 192, 193

テホラハ（神話） 40-44, 47, 93, 103, 104, 105, 106, 107, 108, 120, 123, 124, 125, 126, 127, 128, 131, 132, 163, 164, 165, 166, 169, 172, 178, 179, 180, 181, 183, ——の日 36, 42

伝統 ix, 5, 10, 13, 20, 24, 26, 27-31, 32, 36, 38, 39, 43, 48, 50, 51, 52, 73, 79-81, 86, 87, 88, 89, 90, 91, 97, 108, 109, 111, 116, 119-122, 129, 135, 136, 142, 150, 161, 162, 181, 182, 194, 199, 200, 201, ——的 9, 14, 20, 23, 24, 28, 29, 31, 36, 39, 48, 62, 71, 72, 80, 81, 84, 90, 97, 99, 102, 103, 120, 140, 153, 158, 167, 169, 173, 177, 186, ——的なやり方 27, 29, 39, 90, ——概念 86, ——文化 11, 12, 13, 24, 94, 101, 102, 104, 112, 116, 119, 120, 121, 192, 193, 194

「伝統の政治」論 8, 10-14

「伝統の創造」論 8, 10-14

独立 11, 22, 24, 28, 39, 48, 60, 62, 67, 81, 84, 88, 89, 97, 109, 113

「土着の認識論」 12, 13

な行

ナヌフティ 73

年長者 ix, 5, 24, 27, 29, 30, 32, 34, 38, 44, 45, 46, 47, 48, 50, 51, 52, 54, 73, 74, 75, 89, 90, 98, 99, 100, 102-112, 116, 119, 120, 121, 122, 124, 128, 129, 130, 131, 133, 134, 138, 140, 141, 143, 145, 146, 147, 148, 152, 162, 163, 166, 167, 168, 169, 170, 173, 174, 177, 181, 182, 183, 185, 188, 192, 193, 195, 196, 199, 200, 201, 202, 203

は行

バハイ教 34, 37, 199

ファーテレ 31, 36, 50, 54, 55, 71

ファカウア ix, 31, 145, 146, 149, 152

235

フィールドワーク　4, 15, 16, 40, 84, 85, 93-116, 161, 163, 181, 197, 205
平和　46, 74, 90, 133, 134, 165, 173, 174, 188, 194
豊穣（性）　10, 46, 47, 48, 140, 159, 170, 171, 172, 173, 174, 175, 188, 196

ま行
マナ　9, 10, 46, 157, 158, 159, 160, 161, 174

ら行
離島出身者　60, 61

著者紹介

小林　誠（こばやし　まこと）

1980 年生まれ。首都大学東京大学院人文科学研究科博士後期課程退学。博士（社会人類学）。日本学術振興会特別研究員（PD）、首都大学東京 客員研究員を経て、現在、東京経済大学コミュニケーション学部専任講師。
専門は文化人類学、オセアニア民族誌。
著書に『笑顔の国、ツバルで考えたこと——ほんとうの危機と幸せとは』（枝廣淳子と共著、英治出版、2011 年）、『景観人類学——身体・政治・マテリアリティ』（共著、時潮社、2016 年）、『世界の食に学ぶ——国際化の比較食文化論』（共著、時潮社，2011 年）、『私と世界——6 つのテーマと 12 の視点』（共著、メディア総合研究所、2011 年）、『南太平洋を知るための 58 章』（共著、明石書店、2010 年）、『オセアニア学』（共著、京都大学学術出版会、2009 年）などがある。

探求の民族誌
——ポリネシア・ツバルの神話と首長制の「真実」をめぐって

2018年1月22日　第1版第1刷発行

著　者 小　林　　　誠

発 行 者 橋　本　盛　作

発 行 所 株式会社 **御茶の水書房**

〒113-0033 東京都文京区本郷 5-30-20
電話 03-5684-0751

Printed in Japan／©KOBAYASHI Makoto 2018　　印刷・製本／シナノ印刷㈱

ISBN978-4-275-02073-4　C3039

ブラジル民衆本の世界《増補版》
——コルデルにみる詩と歌の伝承
ジョゼフ・M・ルイテン著
中牧　弘允他訳
菊　判・三六八頁
価格・五二〇〇円

アマゾン河・ネグロ河紀行
アルフレッド・R・ウォーレス著
田尻　鉄也訳
菊　判・五一一頁
価格一〇〇〇〇円

エスニシティとブラジル日系人
——文化人類学的研究
前山　隆著
A5判・五四〇頁
価格　七七〇〇円

異　邦　に「日本」を祀る
——ブラジル日系人の宗教とエスニシティ
前山　隆著
A5判・四七〇頁
価格　六五〇〇円

変貌する先住民社会と学校教育
——カナダ北西準州デネーの事例
新　保　満著
シンサ・アンストラザーズ
A5判・二五〇頁
価格　三〇〇〇円

ブラックフェラウェイ
——オーストラリア先住民アボリジナルの選択
松山　利夫著
四六判・二三〇頁
価格　二三〇〇円

贈り物と交換の文化人類学
——人間はどこから来てどこへ行くのか
小　馬　徹著
A5判・七二頁
価格　八〇〇円

イノシシ狩猟の民族考古学
——台湾原住民の生業文化
野林　厚志著
菊　判・三三〇頁
価格　五四〇〇円

カナダ先住民と近代産業の民族誌
——北西海岸におけるサケ漁業と先住民漁師による技術的適応
立川　陽仁著
菊　判・三三〇頁
価格　五六〇〇円

先住民運動と多民族国家
——エクアドルの事例研究を中心に
新木　秀和著
A5判・三五二頁
価格　五六〇〇円

先住民学習とポストコロニアル人類学
中山　京子著
A5判・三五四頁
価格　八六〇〇円

開発フロンティアの民族誌
——東アフリカ・潅漑計画のなかに生きる人びと
石井　洋子著
A5判・三三二頁
価格　四八〇〇円

オーストラリア先住民と日本
——先住民学・交流・表象
山内　由理子著
A5判・三三四頁
価格　三〇〇〇円

御茶の水書房
（価格は消費税抜き）